Jean-Marie Guéhenno

Das Ende der Demokratie

Aus dem Französischen von
Rainer von Savigny

Deutscher Taschenbuch Verlag

Ungekürzte Ausgabe
September 1996
Deutscher Taschenbuch Verlag GmbH & Co. KG, München
© 1993 Flammarion, Paris
Titel der französischen Originalausgabe:
La fin de la démocratie
© der deutschsprachigen Ausgabe:
1994 Artemis Verlags GmbH, München
ISBN 3-7608-1952-4
Umschlaggestaltung: Klaus Meyer
Umschlagfoto: The Image Bank
Satz: Filmsatz Schröter GmbH, München
Druck und Bindung: C. H. Beck'sche Buchdruckerei,
Nördlingen
Printed in Germany · ISBN 3-423-30554-1

Inhalt

Ein viertes Reich wird hart wie Eisen sein; denn Eisen zerschlägt und zermalmt ja alles. Wie zerschmetterndes Eisen wird es sie alle zerschlagen und zerschmettern. Wenn du die Füße und Zehen teils aus Töpferton, teils aus Eisen sahest, so hat das folgende Bedeutung: Das Reich wird nicht einheitlich sein, wird aber etwas von der Härte des Eisens haben; darum sahst du Eisen mit Tonerde gemischt. Die Zehen teils aus Eisen, teils aus Ton bedeuten: Ein Teil des Reiches wird stark, ein Teil zerbrechlich sein. Und wenn du Eisen vermischt mit Tonerde schautest, so bedeutet dies: Man wird sich durch Heiraten miteinander verbinden, jedoch wird man nicht untereinander zusammenhalten, so wie sich Eisen mit Ton nicht verbinden läßt.

Der Traum des Nebukadnezar, Daniel 2.

Vorrede

Wird die Demokratie das Jahr 2000 überleben? Diese Frage zu stellen, während die kommunistische Welt zusammenbricht, mag provozierend sein. Doch auch wenn niemand daran zweifelt, daß der Fall der Berliner Mauer das Ende einer Epoche markiert hat, muß erst einmal definiert werden, welche Epoche denn da zu Ende gegangen ist, um die wirkliche Tragweite des Geschehens zu ermessen.

Die »Optimisten« setzen den Beginn der fraglichen Epoche mit dem Jahr 1945 an. Hitler war im Namen der Demokratie besiegt worden – aber mit der Hilfe Stalins –, und der Preis für den Sieg war die Knechtschaft einer Hälfte Europas. Nun, 45 Jahre später, ist der Sieg vollständig, der Kampf der Ideen scheint entschieden. Wer beruft sich noch auf Lenin, um Montesquieu in Frage zu stellen? So gesehen, wäre die Entwicklung der politischen Ideen in ihre letzte Phase getreten. Die liberale Republik, die ihre Prägung im 18. Jahrhundert und durch die Philosophie der Aufklärung erhalten hat, wäre die vollkommenste Form menschlichen Zusammenlebens. Condorcet hätte recht behalten, und wenn die Geschichte in der Tat vor allem ein Kampf der Ideen ist, dann wäre das Ende der Geschichte nahe.

Die »Pessimisten« verwerfen diese Auffassung als grob vereinfachend. Die Epoche, die jetzt zu Ende gehe, habe nicht 1945, sondern 1917 begonnen. Das ideologische Zwischenspiel der bolschewistischen Revolution sei abgeschlossen, und wir erlebten nicht etwa das Ende der Geschichte, sondern das Wiedererstarken der Nation. Durch jede neue Krise in Europa fühlen sich die Verfechter dieser These an die Zeit zwischen den beiden Weltkriegen erinnert; im Nationalismus sehen sie die größte Gefahr. Die siegreiche Moderne sei durch eine Wiederkehr der Geschichte in Gefahr. Was uns jetzt wieder heimsuche, sei der Geist des 19. Jahrhunderts.

In diesem Buch wird eine völlig andere Deutung zur Diskussion gestellt. Das Jahr 1989 bezeichnet nicht das Ende einer Epoche, die 1945 oder 1917 begonnen hätte, sondern das Ende dessen, was durch die Revolution von 1789 institutionalisiert wurde. Mit diesem Jahr endet das Zeitalter der Nationalstaaten.

Der Kalte Krieg hat auf die politischen Institutionen gewirkt wie ein riesiger Magnet auf Eisenspäne: die Ost-West-Polarisierung hat den Gesellschaftsordnungen für Jahrzehnte eine feste Struktur beschert. In der Dritten Welt konnten Diktaturen mit Hilfe befreundeter Mächte überleben, weil sie als Figuren auf dem Schachbrett der globalen Konfrontation agierten. In den Industriestaaten haben wir die Frage nach unserer politischen Identität ausgeklammert – zunächst galt es, sich der kommunistischen Herausforderung zu stellen. Heute ist der Magnet aus dem Spiel, und die Späne liegen in wirren Haufen herum. Diese radikal neue Situation führt uns nicht zum Anfang des 20. Jahrhunderts oder ins 19. Jahrhundert zurück, denn seitdem haben mächtige Kräfte wirtschaftlicher, sozialer und kultureller Art das Umfeld, aus dem die Nationalstaaten entstehen konnten, grundlegend verändert. In der durch die Magnetwirkung des Kalten Kriegs erstarrten Welt war der Einfluß dieser Kräfte auf die politischen Institutionen gehemmt. Jetzt wird er sich voll entfalten können. Man wird radikale Fragen stellen, und die Gewißheiten, auf denen unsere Institutionen seit dem 18. Jahrhundert gründeten, werden eine nachhaltige Erschütterung erfahren: Zu weit klafft der Riß zwischen unserer politischen Ordnung und der heutigen Wirklichkeit.

Wir haben auf die Institutionen, auf die Kraft der Gesetze vertraut, um die Macht in die richtigen Bahnen zu lenken und im Zaum zu halten. Wir haben uns davon überzeugen lassen, daß der soziale Mechanismus am besten zu regeln ist, wenn man Macht durch Macht eingrenzt, eine Vielzahl von Machtpolen schafft und darauf achtet, jede Absprache zwischen ihnen auszuschließen. Neben diesen institutionellen Strukturen kam es zeitgleich zu jener Verteilung von Reichtum und Macht, die die moderne Zeit charakterisiert. In den vorausgehenden Epochen, im Zeitalter der Armut, stellte der Besitz die einzig reale Macht dar. Man unterschied nicht zwischen wirtschaftlicher und politischer Macht: mächtig zu sein hieß vor allem, das allgemeine Elend nicht teilen zu müssen. Verglichen mit dieser ursprünglichen Form »patrimonialer« Gewalt erschien uns das »institutionelle« Zeitalter als unübertrefflicher Fortschritt. Nun werden wir erkennen müssen, daß die bestehenden Institutionen nicht mehr geeignet sind, daß die Unterschiede zwischen der nun beginnenden Epoche und den aus der Aufklärung entstandenen Strukturen größer sind als die zwischen diesen Strukturen und denen der patrimonialen Epoche, die ihnen vorausging. Es wird uns nicht leichtfallen, uns damit abzufinden. Da wir nichts anderes kennengelernt haben, ist unser geistiger Horizont durch die Begriffe Demokratie, Politik, Freiheit begrenzt, doch sind wir uns ihrer tatsächlichen Bedeutung nicht mehr gewiß, und wir hängen inzwischen an ihnen mehr aus Reflex als aus Reflexion.

Es wird uns bewußt werden, daß wir, die Erben der Aufklärung, an Gedächtnisverlust leiden: Die Gesetze sind zu Rezepten geworden, das Recht zur Methode, die Nationalstaaten zum juristischen Raum. Genügt das, um die Idee der Demokratie für die Zukunft zu erhalten? Heute muß man sich fragen, ob es eine Demokratie ohne Nation geben kann. Das große Gebäude des institutionellen Zeitalters ist seiner Fundamente beraubt; vom Wasser mitgerissen wie ein Fertighaus bei einer Überschwemmung, treibt es nun haltlos in den Fluten.

Die vergangenheitsbewußten Bürger der untergehenden Römischen Republik appellierten, nicht ohne Größe, an die Tugenden der alten Zeit. Unser Klagen heute wird ebensowenig wie das der alten Römer das Aufkommen eines neuen Imperiums verhindern können. Mit dem Jahr 1989 setzte in der Tat die Dämmerung einer langen historischen Epoche ein, die im National-staat, der allmählich auf den Ruinen des römischen Impe-riums entstanden war, ihre Krönung erfuhr. Diese politi-sche Form, die viel europäischer ist als die Idee des Imperiums, hat in den zurückliegenden zwei Jahrhun-derten die Welt geprägt, und wir haben eine Entwicklung als unausweichlich aufgefaßt, die vielleicht nur das stets gefährdete, an besondere Voraussetzungen gebundene Ergebnis einer seltenen geschichtlichen Konstellation darstellte. Als »imperial« wollen wir die kommende Epo-che zunächst einmal deswegen bezeichnen, weil sie auf den Nationalstaat folgt wie das römische Kaiserreich auf die Republik: Die menschliche Gemeinschaft ist zu groß geworden, um noch ein politisches Gemeinwesen zu bilden. Die Bürger stellen immer weniger eine Gesamt-heit dar, in der kollektive Souveränität zum Ausdruck kommen könnte; sie sind lediglich juristische Personen mit Rechten und Pflichten, sie befinden sich in einem abstrakten Raum mit zunehmend ungewissen territoria-len Grenzen.

Es gibt noch einen zweiten Grund, weswegen diese Epoche als imperial bezeichnet werden kann: Die Idee des Imperiums ist nicht an Europa und damit auch nicht an unsere politischen Traditionen gebunden. Sie ent-spricht einem neuen Zeitalter, in dem das europäische Politikverständnis durch den Erfolg des asiatischen Raums relativiert werden wird. Sie beschreibt eine Welt, die gleichzeitig geeint und ohne Zentrum ist. Die Exi-stenz eines Zentrums erfordert nämlich eine pyramidale Machtstruktur, die unserer komplizierten Welt nicht mehr gerecht wird. Wir stehen am Anfang eines Zeitalters der Komplexität, ohne zu wissen, ob diese einen Fortschritt oder einen Nachteil bedeutet.

Die Wirtschaftsunternehmen haben als erste die Revolution der Gesetze der Macht zu spüren bekommen; mit dem Ende des Kalten Kriegs kann sie nun auf den Bereich der Politik übergreifen. In der gesamten industrialisierten Welt, von Washington über Brüssel bis Tokio, stellt man fest, daß sich die Regeln der Macht zur Zeit verändern. Man hatte geglaubt, es genüge, die Nationen durch Großnationen zu ersetzen, so wie die großen Unternehmen die kleinen schlucken. Allmählich begreift man, daß die Macht mit der Größenordnung auch ihr Wesen ändert. Das vorliegende Buch ist ein erster Versuch, eine noch neuartige Welt zu erkunden.

Muß man ihr mit Bangen entgegensehen? Es wäre ein großer Fehler, die nationalstaatliche Epoche als ein Ziel an sich anzusehen. Unser aus der Philosophie der Aufklärung hervorgegangener politischer Aufbau stellt eine Episode der Menschheitsgeschichte dar, das Mittel, das wir auf einer bestimmten Stufe unserer Entwicklung gefunden haben, um die Freiheit auf eine politische Ordnung zu gründen. Diese Definition der Freiheit wird die besonderen Bedingungen, die für die Entstehung und Entfaltung der Nationalstaaten bestimmend waren, nicht überleben. Wir müssen also die Gesetze dieses neuen Zeitalters verstehen, nicht um dagegen anzukämpfen – das wäre verlorene Mühe –, sondern um von der Idee der Freiheit das zu retten, was man retten kann und muß.

So also naht ein Viertes Reich. Gleichzeitig stark und zerbrechlich, Rom und der antiken Welt näher verwandt als dem Christentum, erwächst es aus den Trümmern der Ideologie und jenes sowjetischen Imperiums, das für einen Augenblick den Anspruch erhob, ein drittes Rom zu sein.

Das Ende der Nationen

Es mag paradox erscheinen, ausgerechnet dann vom Ende der Nationen zu reden, wenn die ehemalige Sowjetunion gerade am Nationalismus ihrer Teilstaaten zerbricht, die deutsche Nation wiedersteht und die Vereinten Nationen noch nie so viele Mitglieder zählten. Stärker als je zuvor tritt die revolutionäre Wirkung der Nation zutage. Handelt es sich hier um eine Rückkehr zu Grundwerten oder um die letzten Zuckungen einer Politik, die ihre historische Mission erfüllt hat, nun aber immer weniger als Hoffnungsträger gelten und auf die Fragen unserer Zeit eine Antwort geben kann?

Die Nation ist eine moderne Vorstellung, und der nationale Anspruch hat den Prozeß der Dekolonisation vorangetrieben. Im alten Europa verband sich die nationale Selbstbehauptung mit dem demokratischen Anspruch; im weltweiten Rahmen hat man nationale Selbstbehauptung mit dem Anspruch auf Unabhängigkeit verknüpft. Die Losung der Revolutionäre im 19. Jahrhun-

dert war »Freiheit«, in den ehemaligen Kolonien des
20. Jahrhunderts lautete sie »Unabhängigkeit«, mit anderen Worten: Befreiung vom kolonialen Joch. Fast vierzig
Jahre lang hat daher niemand die Gleichsetzung von
Unabhängigkeit und Freiheit in Frage gestellt.

Erst in den letzten zwanzig Jahren sind Zweifel aufgekommen. Anfangs stellte man die These auf, die Unabhängigkeit führe deshalb nicht immer in die Freiheit, weil
es sich nicht um wahre Unabhängigkeit handle: die ehemaligen Kolonialstaaten seien Opfer eines »Neokolonia-
lismus«, der es den früheren Kolonialmächten ermögli-
che, ihre Ausbeutung fortzusetzen. Dann wurde eine
andere Erklärung geltend gemacht, die sich zunächst als
eine Verfeinerung der ersten These darstellte; inzwischen
erkennt man, daß sie grundlegende Fragen zur Idee der
Unabhängigkeit überhaupt aufwirft. Die einstigen Kolonialstaaten hätten das koloniale Joch abgeschüttelt, um
gleich darauf in neue Knechtschaft zu geraten, die ihnen
durch die Weltbank und den Internationalen Währungs-
fonds auferlegt werde. Man hat Bücher verfaßt, um zu
beweisen, daß diese Organisationen in Wirklichkeit den
Interessen der großen kapitalistischen Nationen dienten.
In vielen Ländern der Dritten Welt wird heute gegen
Strukturanpassungsprogramme demonstriert wie früher
gegen die Multis und davor gegen die Kolonialverwal-
tung. Doch geht es immer noch um den gleichen Anspruch?

In Wahrheit wird hinter diesen mehrfachen Verschiebungen eine neue Forderung sichtbar, die sich nicht mehr
auf das Abhängigkeitsverhältnis nach außen richtet, sondern auf die Fähigkeit der Führung im Lande, das natio-

nale Interesse zu vertreten und zu verteidigen. Der nationale Anspruch in den Ländern der Dritten Welt gleicht
mehr und mehr dem im Europa des 19. Jahrhunderts: er
wird zum Anspruch auf Demokratie. In Lateinamerika
wie in Afrika stellt man nun einen Zusammenhang zwischen Demokratie und wirtschaftlicher Entwicklung her,
und in vielen Hauptstädten Afrikas wird gegen politische
Führer demonstriert, die den im Unabhängigkeitskampf
vielleicht erworbenen moralischen Kredit inzwischen
wieder verspielt haben. Der Sturz der Diktatoren in
Mitteleuropa, insbesondere der Sturz Ceaucescus, dient
den afrikanischen Eliten zum Exempel, das Modell der
Machtergreifung durch den Familienclan wird entschieden abgelehnt. Gleichzeitig hat der Dialog zwischen
Mandela und De Klerk für Afrika Möglichkeiten neuer
gesellschaftlicher Strukturen eröffnet, die wesentlich
komplexer sind als die groben Raster, die dem nationalistischen Anspruch bisher zugrunde lagen. Jetzt ist die
Nation nicht mehr Tarnung für den Stamm, sondern der
politische Raum, in dem eine Demokratie aufgebaut
werden könnte.

Dieser große Anspruch verleiht der Nation neuen
Auftrieb, ohne der Idee selbst das Überleben zu sichern.
Er zeigt vielmehr, wie gefährdet die nationalen Strukturen im Hinblick auf die angestrebten Ziele sind. Wenn die
Nation einen Staat braucht, um Demokratie herzustellen, wo ist dann in Afrika der Staat? Schwarzafrika ist in
diesem Zusammenhang nur der Extremfall einer Situation, die in vielen krisengeschüttelten Ländern der Dritten Welt die Regel zu werden scheint. Die Legitimität,
die der Unabhängigkeitskampf verliehen hatte, gilt zwar

nicht mehr, ist aber auch nicht durch eine neue Legitimität abgelöst worden. In einer von der Wirtschaftskrise gebeutelten Region überleben aufgeblähte Regierungsapparate, in denen die Macht im Rahmen eines patrimonialen Modells ausgeübt und die nationale Dimension immer häufiger überschritten wird.

Die Drogenwirtschaft zeigt anschaulich, wie die Staaten in einem internationalen Spiel, das ihre Kräfte weit übersteigt, untergehen. Wo immer Staaten schwach und die klimatischen Bedingungen günstig sind, hält das Rauschgift seinen Einzug und verändert die Gesellschaft von Grund auf. So ist es keineswegs überraschend, daß Lateinamerika, aber auch Afghanistan und der Libanon wichtige Produktions- und Verarbeitungszentren sind. Schon jetzt liegen die Einnahmen aus dem Drogengeschäft mit geschätzten 100 Milliarden Dollar höher als die vom Ausschuß für Entwicklungshilfe angegebene Gesamtsumme staatlicher Fördermittel. Ein Ende des Drogenhandels hätte also wahrscheinlich viel tiefgreifendere Konsequenzen als das Ende aller staatlichen Entwicklungshilfe. Koka und Mohn sind in der Dritten Welt die einzig florierenden Agrarprodukte. In bestimmten Staaten unterscheiden sich die Einnahmen aus dem Drogenhandel der Größenordnung nach nicht vom jeweiligen Staatshaushalt. Mit den Drogengewinnen könnte man sich bestimmte Entwicklungsländer praktisch kaufen; die öffentliche Interessensphäre ist in die Reichweite von Privatvermögen gerückt. Fast möchte man sagen, es handle sich hier um die äußerste Form der Privatisierung...

Doch was ist eine Nation? Wir stehen alle in der

europäischen Tradition und haben uns daran gewöhnt, die Nation als eine selbstverständliche politische Form zu betrachten, als eine Art natürliches Ergebnis aller Gesellschaftsformen. Wir sollten uns nun bewußtmachen, daß die Idee der Nation, die Europa der Welt beschert hat, vielleicht nur eine kurzlebige politische Form darstellt, eine europäische Ausnahme, die schwankende Brücke zwischen dem Zeitalter des Königtums und dem »neoimperialen« Zeitalter.

Eine Nation läßt sich zunächst durch das definieren, was sie nicht ist: sie ist keine soziale, keine religiöse, keine rassische Gruppe. Anders gesagt, was die Angehörigen einer Nation eint, ist das Produkt aus einer einzigartigen Verbindung historischer Gegebenheiten; es läßt sich nie auf eine einzige Dimension reduzieren, sei sie sozialer, religiöser oder rassischer Art. Nach europäischer Definition unterscheidet sich die nationale Gemeinschaft von allen anderen Gemeinschaften vor allem darin, daß sie die Menschen nicht durch das zusammenführt, was sie sind, sondern durch die Erinnerung an das, was sie waren. Eine Nation ist ausschließlich historisch definierbar, als Ort gemeinsamer Geschichte, gemeinsamen Unglücks, gemeinsamen Glücks. Es ist der Ort des Schicksals, an dem alle teilhaben. Dennoch ist die Nation nicht durch die Abstammung allein definierbar: wenn das zuträfe, wäre sie nichts als eine vergrößerte Sippe. Eine Nation ist nach europäischem Verständnis zunächst ein Ort, d. h. ein durch exakte Grenzen bestimmtes Staatsgebiet, so exakt wie die Grenzsteine, die in früheren Zeiten auf dem Land die Fluren bezeichneten.

Seit der Römerzeit setzt sich die Autonomie des Rechts

gegenüber der Religion auf der Basis einer immer strengeren Definition von Eigentumsregeln durch. Die Definition des Menschen durch das, was er besitzt, ist eine Sache des Rechts; zu sagen, was er ist, ist Sache der Religion. Eigentumsgrenzen zu ziehen, ein Kataster anzulegen, das sind Akte am Anfang eines Rechts, das sich in erster Linie als Bodenrecht und dann erst als Personenrecht versteht: Diese territoriale Verwurzelung der Nation ist die Grundlage unserer Freiheit und die Bedingung einer offenen Gemeinschaft gewesen. Sie sperrt die Menschen nicht in die Gemeinschaft ein, sie verliert sich nicht in der Suche nach Ursprung und Abstammung. Doch gerade die Anpassungsfähigkeit dieses Rechts gegenüber der Vielfältigkeit der Menschen, deren Aktivitäten es regelt, erzwingt äußerste Strenge bei der Definition des Raums, in dem es gelten soll. Die Freiheit, die es den Personen als Akteuren im gesellschaftlichen Miteinander läßt, wird dem Raum genommen, in dem es gilt. Nicht die geringste Unschärfe kann akzeptiert werden. Nach dem Prinzip der kommunizierenden Röhren muß die genealogische, rassische oder religiöse Definition einer Gemeinschaft um so strenger sein, je unschärfer die territoriale Definition ist. Angesichts dieses Problems muß man einräumen, daß die von den europäischen Nationen gewählte Lösung absolut einzigartig ist, das überraschende Ergebnis einer besonderen Geschichte, die sich sonst nirgendwo auf der Welt wiederfindet.

Diese präzisen Grenzen, die den Ausdehnungsbereich der verschiedenen europäischen Rechtsordnungen beschreiben, haben eine eigene Entstehungsgeschichte, durch die sich die Nationen Europas von allen anderen

Gesellschaftsverbänden unterscheiden, die fälschlich den Namen Nation angenommen haben. Außerhalb Europas sind die Grenzen nämlich meist sehr viel jüngeren Datums, und sie sind lange Zeit bei weitem weniger präzise gewesen. Ihre Unverletzlichkeit ist daher wesentlich weniger gewährleistet. Durch die Auflösung der alten Kolonien konnte mehrere Jahrzehnte lang verborgen bleiben, daß Europa ein einmaliger Sonderfall war. Die ehemaligen Kolonien haben geglaubt, die Idee der Nation als Waffe gegen die Kolonialmächte einsetzen zu können. Doch das wird sich in den kommenden Jahrzehnten als Illusion erweisen. Die Europäer sind nicht etwa stärker vom Schicksal begünstigt worden. Vielmehr wurde hier der Raum zu einem früheren Zeitpunkt so eng, daß sie ihren »Vorsprung« mit einem Jahrtausend der Kriege bezahlt haben, durch welche die Grenzstreitigkeiten der alten Monarchien geregelt werden konnten. Zwischen dem Begriff des Rechts und dem des Staatsgebiets entstand ein festes Band: Das Recht regiert nicht den Menschen, sondern sein Handeln auf einem definierten Territorium. Andernfalls wäre er nicht Bürger, sondern Sklave.

Selbst in Europa ist diese Verbindung nicht unanfechtbar: In Großbritannien, dessen Territorium durch die Insellage von vornherein klar begrenzt war, mißt man dem Begriff des Staatsgebiets nicht den gleichen Wert bei wie dort, wo man Kriege führen mußte, um die Grenzen festzulegen. Im Unterschied zu Frankreich und Spanien, aber ähnlich wie in Japan verknüpfte man in England die eigene Identität lange Zeit mit einer rassischen Vorstellung. Die Auseinandersetzungen Deutschlands – als

Grenzland Europas – mit dem übrigen Europa entsprangen einer Definition des deutschen Volks, die nicht im Staatsgebiet, sondern in seiner Sprache und Kultur wurzelte.

Die am grünen Tisch gezogenen Grenzen, mit denen die europäischen Kolonialmächte Jahrhunderte von Kriegen zu überspringen wähnten, haben sich nur in Nordamerika konsolidieren lassen – aber um welchen Preis! Die gesamte Bevölkerung mußte ausgetauscht werden, um mit der ganzen Macht des Gesellschaftsvertrags die Künstlichkeit des Raums, in dem er gilt, aufzuwiegen. Wenn man – wie die Organisation für die Einheit Afrikas – kurz nach der Dekolonisation die von den Kolonialmächten hinterlassenen Grenzen für unantastbar erklärt, so genügt das nicht, um innerhalb dieser abstrakten Linien Nationen zu schaffen.

Daher ist es das vorrangige Ziel der Regierenden in immer mehr Ländern, die Idee der Nation zu festigen. Um die Geschichte der ältesten europäischen Nationen, die aus blutigen Kämpfen hervorgegangen sind, im Zeitraffer zu reproduzieren, erdenkt man sich Gründungsmythen und Erbfeinde. Ein solcher Nationalismus wirkt jedoch brüchig in einer Epoche, die nicht mehr jene der großen nationalen Gebilde ist. Man ist weit entfernt von der Rivalität des imperialistischen Nationalismus im 19. Jahrhundert, als die verschiedenen Nationen sich die Welt streitig machten, um »ihren Platz an der Sonne« zu sichern. Der Nationalismus am Ende des 20. Jahrhunderts entspringt defensiven Reflexen, drückt eine Wendung nach innen aus, eine Angst vor jener weiten Welt, die uns entgleitet, der wir aber nicht entfliehen können.

Es ist daher keineswegs überraschend, daß die nationalistische Verkrampfung der post-totalitären Welt eher fremdenfeindlich als imperialistisch ist. Man könnte eine Reise um die Welt machen und zeigen, daß auf ganzen Kontinenten die Idee der Nation heute nur noch im Bündnis mit Kräften überlebt, die ihre Macht übersteigen: mit der Religion, der Rasse, der Ideologie, der Sippe. Es gibt immer weniger Länder, in denen sich aufgrund der Entstehungsgeschichte oder des Gesellschaftsvertrags die Nation überzeugend durch das Staatsgebiet definieren läßt.

Selbst in den wenigen Ländern, in denen sich der »territoriale Augenschein« aufgrund der Geschichte durchgesetzt hat, wird er heute durch eine Gesamtheit wirtschaftlicher Phänomene wieder in Frage gestellt. Die territoriale Basis der politischen Modernität, wie wir sie seit Jahrhunderten begreifen, wird heute durch neue Formen der wirtschaftlichen Modernität unterminiert.

Das »Territorium«, die räumliche Nähe werden in dem Maße belangloser, wie der Anteil der Landwirtschaft und auch der Industrie am Wirtschaftsleben abnimmt. Lange Zeit war es oberstes politisches Ziel des seßhaft gewordenen Menschen, die Herrschaft über anbaufähiges Land auszuüben, um den Nahrungsbedarf zu sichern. Mit der Industrialisierung haben die Kontrolle über Rohstoffe einerseits und andererseits der Zwang, Tausende von Menschen in Bergwerken zusammenzuziehen, ihren Teil dazu beigetragen, das Wirtschaftsleben mit einer gewissen räumlichen Organisation zu verbinden. Die Industrie verarbeitete so platzraubende Materialien und benötigte so viele Menschen an einem Ort, daß Raum wichtig war. Im Auto, dem industriellen Symbolprodukt der ersten Hälfte des 20. Jahrhunderts, repräsentieren die Rohstoffe 30 bis 40 Prozent des Werts – im Symbolprodukt der neuen Ära, dem elektronischen Bauteil, dagegen nur ein Prozent!

Die Welt wird damit »abstrakter«, »immaterieller«. Reichtum ist weniger faßbar. Wo Wert entsteht, sind die materiellen Komponenten immer schwieriger zu lokalisieren. Wer über eine Adressenkartei der 50 000 reichsten Franzosen verfügt, ist reicher als ein Juwelier, der eine Goldbrosche besitzt: Ist erst einmal die Not gebannt, entsteht Wert durch die Verknüpfung des richtigen Angebots mit der passenden Nachfrage. Durch die Revolution in der Telekommunikation lösen sich nun die Verkehrswege vom Territorium. Das Netz schiffbarer Transportwege und Eisenbahnlinien verwandelt sich in eine Struktur der Luftwege und Telekommunikationsmittel, die den Raumbegriff revolutioniert. Der IBM-Manager, der sich von einem beliebigen Ort der Welt aus in die elektronische Post seiner Firma einklinken kann, ist im Rahmen seiner wirtschaftlichen Aktivität ebensosehr »eingebunden« wie ein Bauer in das Leben seines Dorfs, das er zeitlebens nicht verlassen hat. Nicht die Herrschaft über ein Territorium ist fortan wichtig, sondern der Zugang zu einem Netz. Dieser Wandel erklärt auch, warum die Menschen wieder mobil werden. Der Prozeß der Seßhaftwerdung in den letzten Jahrhunderten ist abgeschlossen, die Wanderbewegungen setzen wieder ein. Die Industrie siedelt sich nicht unbedingt dort an, wo ein Überfluß an Arbeitskräften herrscht. Die Menschen gehen dorthin, wo Reichtum entsteht: Die Migration der Armen wird in einer Welt, in der man nur noch durch Polizeigewalt an die Heimaterde gebunden ist, zu einem bedeutenden Faktor nicht nur der Wirtschaft, sondern auch jener Politik, die im kommenden Jahrhundert neu bestimmt werden wird.

Diese wirtschaftliche Revolution wertet den Raum ab und den Menschen auf, weil der Mangel, der über den Wert entscheidet, sowohl für den Raum als auch für den Menschen inzwischen von anderer Art ist. Er besteht nun hinsichtlich des Raums der Begegnung – daher auch die Kluft zwischen den großen Weltstädten und den Städten im Abseits – und des Raums der Freizeit – landschaftliche Schönheit in der Nachbarschaft städtischer Zentren ist, wie das Beispiel der französischen Riviera zeigt, von unschätzbarem Wert. Der Raum für die Produktion ist weniger rar: Der Wert landwirtschaftlicher Flächen sinkt regelmäßig. Die Logik der immateriellen Wirtschaft übt ihre Wirkung auf den Boden aus, der sich ihr naturgemäß zu entziehen schien. Der Wert eines Stück Lands ergibt sich in Zukunft weniger durch das, was es hervorbringt, als durch die Menschen, die sich dort niederlassen. Diese sind nämlich zu einer Ressource geworden, an der gleichzeitig größter Überfluß und größter Mangel herrscht: Es war noch nie so einfach, sich billige, wenig qualifizierte Arbeitskräfte zu verschaffen. Seitdem jedoch die Anwerbung qualifizierter Fachkräfte einem weltweiten Wettbewerb unterliegt, bestand auch noch nie eine derartige Nachfrage nach ihnen.

Eine solche Umkehrung der Perspektiven wird tiefreichende Wirkungen auf die politische Ordnung haben. Der Mangel an Raum legte das Fundament für unsere

Rechtsordnung. Er brachte die Kataster und die italienischen Städte hervor, die Ahnen der modernen Demokratie. Der Überfluß an Menschen bedeutete gleichzeitig die Befreiung von der Sklaverei. Diese beiden Phänomene stehen am Anfang der modernen Nation. Welche neue politische Ordnung wird aus einer grundlegend veränderten Lage erwachsen?

Schon heute gewinnt man einen ersten Eindruck durch das Steuersystem. Das ist insofern besonders bedeutsam, weil das Recht, Steuern zu erheben, und die Kontrolle über die Steuergewalt die ersten Elemente einer Institutionalisierung der Macht darstellten und weil die nationalstaatliche europäische Demokratie der Auseinandersetzung um diese Rechte ihre Basis verdankt. In allen modernen Demokratien hat die Steuer eine territoriale Grundlage, unabhängig davon, ob Waren, Geschäfte oder Personen besteuert werden. Diese Logik sieht sich heute dreifach in Frage gestellt: zunächst einmal, weil die Personen immer mobiler werden, um sich, falls sie reich sind, der Steuer zu entziehen, oder, falls sie über ein besonderes Talent verfügen, ihre Kompetenz teurer zu verkaufen, oder, falls sie arm sind, um Arbeit zu finden. Sodann, weil das Kapital gleichzeitig mobil und rar ist. Der Wunsch, ausländisches Kapital ins Land zu locken, erschwert die Kontrolle über das Nationalvermögen. Und schließlich, weil im Zeitalter der multinationalen Industrieunternehmen, die die verschiedenen Herstellungsphasen desselben Produkts auf mehrere Länder verteilen, die Lokalisierung des Mehrwerts immer fragwürdiger wird, da die internen Verkaufspreise im dunkeln bleiben. Sobald aber das Territorium keine notwendige

Bedingung mehr ist, sobald Wohnsitz und Investitionsort nicht mehr vorgegeben sind, sondern zur Wahl stehen, und sobald der Mehrwert so abstrakt entsteht, daß man den Entstehungsort nicht mehr präzise bestimmen kann, ist die Besteuerung keine souveräne Entscheidung mehr. Gewiß, weite Bereiche des Wirtschaftslebens haben sich noch nicht aus der territorialen Bindung gelöst, und der Staat behält alle Macht zur Besteuerung der unbeweglichen Güter und der an ihre Fabrik gebundenen Beschäftigten. In dem Augenblick jedoch, in dem der Nationalstaat die neuen Formen, Reichtum zu schaffen, besteuern will, tritt er in einen weltweiten Wettbewerb ein und kann nicht ohne Nachteil höhere Steuern verlangen als seine Konkurrenten im Wettlauf um Kapital oder Talent. Und wenn sich die Steuerschere zwischen denen, die keine Möglichkeit haben, dem territorialen Zwang zu entkommen, und denen, die sich ihm entziehen können, allzuweit öffnet, dann kann es zu Schwierigkeiten hinsichtlich der politischen Machbarkeit des Steuersystems kommen. Man kann nicht auf Dauer die Einkommen von Lohnempfängern dreimal so hoch besteuern wie Kapitaleinkünfte. Der Nationalstaat unterliegt also selbst dort, wo er sich noch für souverän hält, einem neuen Zwang, der die Beziehung verfälscht, die bis dahin mittels der Steuern zwischen Staatsbürger und Nation hergestellt wurde.

Wenn die Steuer noch eine gewisse Legitimität bewahren soll, muß sie bescheiden wirken: sie ist dann nicht mehr Ausdruck und Maß einer politischen Solidarität, sondern gilt lediglich als Gegenwert für »Gemeinschaftsgüter«, die ein Staat auf seinem Boden zur Verfügung stellt. Wenn er keine Kapital- und Talentflucht ins Ausland provozieren will, darf er die Steuern nicht über das Niveau vergleichbarer Länder anheben. Man kann in diesem Zwang die gelungene Übertragung marktwirtschaftlicher Gesetze auf den Bereich der Politik sehen. In Wahrheit, da die Inanspruchnahme zahlreicher Kollektivleistungen (wie Sicherheit, Infrastrukturen, Rechtsprechung u. a.) nicht an den Ort der Steuererhebung gebunden ist, werden viele Unternehmen in der Lage sein, ihre Steuerlast zu begrenzen, während sie sich gleichzeitig in den Staaten niederlassen, die die besten Kollektivleistungen bieten. Die Erschütterung der territorialen Besteuerungsgrundlage reicht daher in ihren Folgen sehr viel weiter, als uns ein oberflächlicher Liberalismus glauben macht. Sie bedeutet, daß die Nationalstaaten nicht mehr in der Lage sind, Kollektivleistungen durch die Steuern zu finanzieren. Entweder kommen Staaten mit vergleichbaren Leistungen überein, sich gegenseitig keine »Steuerkonkurrenz« zu machen und Ausgleichsmechanismen in Gang zu setzen, oder aber die Staaten reduzieren die »kostenlosen« Kollektivleistungen und ersetzen sie durch kostenpflichtige Leistungen bzw. durch individualisierte Versicherungssysteme.

In beiden Fällen ist die Nation als natürlicher Raum der Solidarität und der politischen Kontrolle in Gefahr.

Sie ist schlecht gerüstet, um die Steuern einzuziehen, aber kaum besser in der Lage, die Ausgaben zu verwalten. Im Hinblick auf die täglichen Bedürfnisse gilt sie als bürgerfern, unfähig, die sinnvolle Verwendung der öffentlichen Mittel wirkungsvoll zu überwachen, aber auch selbst einer echten politischen Kontrolle entzogen. Wer würde denn gleich die Regierung stürzen wollen, weil er mit den staatlichen Schulen oder Krankenhäusern an seinem Wohnort unzufrieden ist? Man erkennt durchaus, daß die zentrale Verwaltung daran unschuldig ist, auch wenn man weiß, daß sie die Mittel zur Verfügung stellt. Man schenkt den nationalen Instanzen kein Vertrauen für die Aufgabe, die Mittel gerecht zu verteilen, und noch weniger, wenn es darum geht, staatliche Dienstleistungen direkt zu verwalten. Aus Sorge um eine wirksame Kontrolle bevorzugt man Einrichtungen, die auf lokaler Ebene verwaltet, finanziert und kontrolliert werden; man nimmt für die größere Bürgernähe das Risiko in Kauf, daß die Reichen immer reicher und die Armen immer ärmer werden. Man identifiziert sich nur mit dem, was man kontrollieren kann, und der moderne Nationalstaat erscheint in der Ausübung der täglichen Geschäfte unkontrollierbar und daher unverantwortlich. In Italien wehren sich inzwischen die reichen Lombarden dagegen, daß mit ihren Steuergeldern in Neapel Mißwirtschaft getrieben wird. Die Solidarität fällt um so schwerer, als man dem Staat nicht mehr zutraut, sinnvoll damit umzugehen. Auf allen Ebenen der politischen Organisation wird die gleiche Verweigerung sichtbar: Die reichen Vororte wollen nicht mehr für die armen Vororte zahlen. Jeder Transfer wird zum Problem; der gemeinsame Raum der Politik hat an Legitimität eingebüßt, und der Begriff der nationalen Solidarität ist mit von dieser Krise betroffen, ohne daß man weiß, ob der Legitimitätsverlust auf ein Scheitern des Nationalstaats oder auf tieferreichende Zweifel an der Nationalgemeinschaft zurückgeht, deren Belange er wahrzunehmen behauptet.

Zu fern, um die Probleme unseres täglichen Lebens in die Hand zu nehmen, bleibt die Nation jedoch gleichzeitig zu sehr in sich gefangen, um sich den weltweiten Problemen zu stellen, die uns betreffen. Ob es sich nun um traditionelle Aufgaben des souveränen Staats handelt, wie die Verteidigung, die Justiz oder Wirtschaftskompetenzen, die Nation wirkt mehr und mehr wie ein zu enges Korsett, das sich der zunehmenden Integration der Welt schlecht anpaßt.

Zwei Staaten, die UDSSR und die USA, haben vierzig Jahre lang ihre militärische Verteidigung allein aus eigenen Mitteln gewährleisten wollen. Umgekehrt haben die zwei Verlierer des Zweiten Weltkriegs aus der Not eine Tugend gemacht und für ihre Verteidigung nur einen begrenzten Anteil ihrer Mittel ausgegeben; den USA überließen sie dabei die Verantwortung für die Weltordnung und den Schutz für ihre Länder. Inzwischen hat sich herausgestellt, wer dabei gewonnen und wer verloren hat. Die Sowjetunion hat sich in einem Wettbewerb verausgabt, in dem sie einen wachsenden Teil ihres Bruttosozialprodukts für den Verteidigungshaushalt aufwenden mußte. Die Vereinigten Staaten haben ihre Aufgabe besser bewältigt und konnten lange Zeit Verteidigungsausgaben und Wohlstand miteinander vereinbaren. Aber auch sie stoßen an Grenzen in ihrem einsamen Kampf, und niemand zweifelt daran, daß Amerika den Niedergang nur vermeiden kann, wenn der Verteidigungshaushalt deutlich reduziert und eine umfassende Neuorientierung der Staatsausgaben vorgenommen wird. Für die Optimisten kommt die Auflösung der Sowjetunion gerade zum rechten Zeitpunkt, um eine solche Beschränkung ohne übermäßiges Risiko zu erlauben. Doch das ist keineswegs sicher. Einerseits gleicht die Technologie Unterschiede aus, weil hochentwickelte Waffen heutzutage ebenso leicht zu handhaben sind wie ein Schießeisen aus dem 19. Jahrhundert: ein Terrorist könnte mit einer Stinger-Rakete ein Linienflugzeug abschießen; andererseits sind wir durch die Weitergabe von Raketen mit großer Reichweite Angriffen von weit entfernten Ländern ausgesetzt. Daraus erwachsen neue Bedrohungen, während uns parallel dazu die Zunahme des Handels und der gegenseitigen Abhängigkeit sowie die immer komplexeren Prozesse der hochentwickelten Wirtschaft verwundbarer machen.

Wohlstand setzt nämlich mehr als jemals zuvor Ordnung voraus. In einer Welt, in der man die Komplexität in eine Vielzahl einfacher Prozesse aufgelöst hat, in der Reichtum aus der Multiplikation der Verbindungen entsteht, muß man alle Störungen, das Unvorhergesehene, das Ungewisse, das Unkontrollierte um jeden Preis vermeiden. Es muß eine Ordnung vorhanden sein, die nicht das natürliche Ergebnis wirtschaftlicher Interdependenz ist, sondern die auch von der Stärke der Streitkräfte abhängt. Wie aber könnten die USA ihren Rang bewahren, wenn sie für die Verteidigung nach wie vor relativ mehr Mittel zur Verfügung stellen als ihre direkten Konkurrenten? Der gereizte Ton zwischen Washington und Tokio nach der Golfkrise hat gezeigt, daß Amerika nicht mehr in der Lage ist, den wohltätigen Hüter der Weltordnung zu spielen, sich aber nur widerwillig zum Söldner der nichtmilitärischen Mächte machen läßt. Rußland, dessen einziger echter und unmittelbar verwertbarer

Trumpf die Militärmacht ist, wäre möglicherweise bereit, diesen Part zu übernehmen. Die Weltgemeinschaft ist jedoch nicht bereit, die Sicherung des Weltfriedens einer einzelnen Nation anzuvertrauen.

In Wahrheit kann keine Nation, so mächtig sie auch sein mag, ganz allein Stabilität gewährleisten. Keine verfügt sowohl über das Vertrauen der anderen als auch über die Mittel, diese Aufgabe langfristig zu erfüllen, ohne Gefahr zu laufen, sich zu schwächen oder aber in Versuchung zu geraten, die ihr übertragene Verantwortung zu mißbrauchen. Selbst wenn eine Nation die Möglichkeit hätte, jene Ordnung zu sichern, die wir für notwendig halten, so hat sie heute nicht mehr die Legitimation dazu. Die öffentliche Meinung in den Industriestaaten lehnt jedes einseitige Vorgehen ab, und das »nationale Interesse«, auch einer hypothetischen »europäischen Nation«, wird nicht mehr als ausreichende Begründung für außenpolitisches Handeln akzeptiert. Legitimität setzt den multilateralen Rahmen der Weltgemeinschaft voraus. Die Nation ist nicht mehr der natürliche Rahmen der Sicherheit, und man fängt wieder an – vorläufig noch ohne Erfolg –, von einer Weltregierung zu träumen.

Der Nachweis läßt sich am Beispiel der Justiz führen. Kein Rechtssystem kann sich den internationalen Einflüssen entziehen; es ist unübersehbar, daß das in Brüssel erarbeitete Recht für die Regelungen in den verschiedenen Ländern der Gemeinschaft zunehmend wichtiger wird. Dieser Zwang ist nicht nur die Folge einer institutionellen Ordnung, die auf einem politischen Willen beruht. Sie spiegelt auch die Entwicklung der Volkswirtschaften und die Notwendigkeit wider, sich internationalen Normen zu beugen, die auf übernationaler Ebene formuliert werden. Ein Land, das sich in dem Glauben, seine Wirtschaft nach außen abschirmen zu können, auf seine eigenen Rechtsnormen zurückzieht, versetzt der Wirtschaft gerade dadurch den Todesstoß, denn es sperrt seine Spitzentechnologie in einen zu kleinen Markt ein, so daß sich die zum Erhalt der Wettbewerbsfähigkeit notwendigen Forschungs- und Entwicklungskosten nicht amortisieren können.

So zeigt sich im Bereich der Wirtschaft besonders überzeugend, wie ungeeignet der nationale Rahmen ist. Jede neue technologische Revolution hat zu einem Anstieg der Kosten für industrielle Forschung und Entwicklung geführt. Noch vor hundert Jahren hätte die Vorstellung einer staatlichen Finanzierung von Forschungskosten befremdlich gewirkt. Motor des wissenschaftlichen Fortschritts war der Forscher in seinem Labor. Die Forschung war auf den individuellen Rahmen und damit erst recht auf den Rahmen eines Unternehmens beschränkt. Dann führte das wachsende Tempo des wissenschaftlichen Fortschritts – zum Teil infolge der beiden Weltkriege – zu einer stärkeren staatlichen Beteiligung, die auf dem Umweg über Militärausgaben und Forschungskredite zum wichtigsten Motor des wissenschaftlichen Fortschritts geworden ist. Die Ausgaben haben eine neue Größenordnung erreicht, und die großen Industrieunternehmen haben direkt oder indirekt von staatlicher Unterstützung profitiert. Mit den neuen Forschungsprojekten in der Elementarphysik – die für Fortschritte in der Elektronik unabdingbar ist – und in der Biologie befindet man sich in einem neuen Stadium:

Keine Nation, auch nicht von der Bedeutung der USA, ist in der Lage, den entsprechenden Aufwand allein zu finanzieren. Die weltweite Kooperation wird zum Muß, das zeigen Beispiele wie die geplante Super-Concorde oder Großprojekte der Elementarphysik wie der Teilchenbeschleuniger.

Der »territoriale Augenschein« ist überholt, ohne daß man ihn durch eine utilitaristische, funktionelle Vorstellung vom Staat ersetzen könnte: Natürlich darf man sich freuen, daß der moderne Staat von seinem Sockel herabsteigen muß und wie jedes Unternehmen gezwungen ist, seine Nützlichkeit durch große Werbekampagnen unter Beweis zu stellen. Diese »Umstellung« beinhaltet gewisse Gefahren. Handelt es sich bloß um die Wiederherstellung eines Gleichgewichts? Gibt es zwischen dem Wohlfahrtsstaat, der alles machen will – und es schlecht macht –, und der ultraliberalen Überzeugung, daß der Staat überhaupt nichts gut machen kann, keinen Mittelweg, auf dem es möglich wäre, die Verantwortung neu auf verschiedene Ebenen zu verteilen, und zwar abhängig von der Art der anstehenden Probleme? Dieser Kompromiß, der beispielsweise den zentralismusgewöhnten Franzosen erstaunt, ist das Kernstück föderaler Erfahrung in den USA oder im Nachkriegsdeutschland.

Man sollte hier allerdings keiner Täuschung erliegen. Die Entwicklung, die wir erleben, greift über den klassischen Föderalismus hinaus, der ja in einer Epoche entstand, als die unmittelbare Abhängigkeit von Grund und Boden noch die gesellschaftlichen Beziehungen bestimmte. Die verschiedenen Ebenen der Solidarität, die durch den Föderalismus geordnet werden sollten, gehorchten einer geographischen Logik: die Gemeinde ist Teil der Region, die ihrerseits Teil des Bundesstaats ist. Mit dieser durch die Geographie vorgegebenen Pyramide der Verantwortung läßt sich das politische Leben auf mehreren Ebenen ordnen. Es gibt einen Raum der kommunalen, der regionalen und der nationalen Solidarität, und auf jeder dieser Ebenen setzen die Bürger Prioritäten, schlichten Streitigkeiten und geben vor allem einem gemeinsamen Willen Ausdruck: gerade so definiert sich die Politik. Alles verändert sich, wenn sich die Tätigkeit des Menschen aus der räumlichen Bindung löst, wenn die Mobilität von Mensch und Wirtschaft das geographische Netz zerreißt. Die räumliche Solidarität der Territorialgemeinschaft schwindet und wird durch befristete Interessengemeinschaften ersetzt. Mit seinem Anspruch, die politische, kulturelle, wirtschaftliche und militärische Dimension der Macht in einem einzigen Rahmen zu kombinieren, ist der Nationalstaat nun aber Gefangener einer räumlichen Konzeption der Macht, selbst wenn er versucht, seine Befugnisse nach föderalen Prinzipien aufzuteilen. Der Raum ist nicht länger das zutreffende Kriterium. Wird die Politik eine solche Revolution überleben? Seit ihren Anfängen, seit den griechischen Stadtstaaten, bedeutet Politik die Kunst, ein Kollektiv von Menschen zu regieren, die durch ihre Verwurzelung in einem Ort, einer Stadt *(polis)* oder einer Nation definiert werden. Wenn sich die Solidarität nicht mehr geographisch eingrenzen läßt, wenn es keinen Stadtstaat, keine Nation mehr gibt, kann es dann noch Politik geben?

Das Ende der Politik

Das Ende der Nation bringt den Tod der Politik mit sich.

Die politische Auseinandersetzung, gleich welcher Tradition man sich zurechnet, setzt nämlich die Existenz eines politischen Gemeinwesens voraus. Für einen Franzosen kann ohne das Zustandekommen eines politischen Gemeinwesens Souveränität nicht zum Ausdruck gelangen. Für einen Engländer oder Deutschen ist es ebenso unverzichtbar, weil die Bürger nur so in der Befolgung der Gesetze ihren »institutionellen Patriotismus« ausdrücken können. Doch diese abstrakten Gebilde halten der Wirklichkeit der modernen Gesellschaft kaum stand: im Zeitalter der Vernetzung steht die Beziehung der Bürger zum politischen Gemeinwesen in Konkurrenz zu unendlich vielen Verbindungen, die sie außerhalb desselben knüpfen. Die Politik ist daher keineswegs das Ordnungsprinzip der in der Gesellschaft lebenden Menschen, sondern erscheint vielmehr als eine sekundäre Tätigkeit, wenn nicht sogar als eine künstliche Konstruktion, die zur Lösung der praktischen Probleme unserer Gegenwart ungeeignet ist.

Sobald Solidarität und Gemeinschaftsinteresse keinen natürlichen Ort mehr haben, bricht die schöne Ordnung einer Gesellschaft zusammen, in der die verschiedenen Gewalten pyramidenförmig ineinander verschachtelt sind. Es gibt keine großen Entscheidungen mehr, aus denen kleine Entscheidungen hervorgehen könnten, keine Gesetze, aus denen Verordnungen abgeleitet werden. So wie die Gemeinde nicht mehr in der Region, die Region nicht mehr im Nationalstaat »enthalten« sind, läßt sich die kleine Entscheidung nicht mehr aus der großen herleiten. Die Krise des räumlich bestimmten Machtbegriffs findet auf diese Weise ihren Niederschlag in der Entscheidungsfindung. Die Entscheidungen werden nicht mehr in einem linearen Modus getroffen, in dem jede Körperschaft eine festumrissene Kompetenz hat; statt dessen zerfallen sie in Bruchstücke, und die traditionelle politische Debatte, die Auseinandersetzung über Prinzipien und Grundideen, über Ideologie, über die gesellschaftliche Ordnung, verblaßt oder vielmehr, sie zerfällt. Sie ist damit Abbild der Aufsplitterung des Entscheidungsprozesses selbst, und spiegelt die Tatsache wider, daß dieser professionalisiert wird.

In den Vereinigten Staaten, die zur Avantgarde beim institutionellen Aufbau der Macht gehörten, kann man am besten beobachten, wie sich die Logik der Institutionen erschöpft und die Politik selbst in den Auflösungsprozeß hineingezogen wird.

Denn was ist Washington heutzutage anderes als Zehntausende von Regierungsbeamten, einige hundert

Parlamentarier, einige tausend Mitarbeiter und vor allem 30000 Lobbyisten? Diese letztere Zahl ist nicht Ausdruck einer bloßen Aufblähung der Bürokratie, sondern gibt den elementaren Wandel wieder, den der Entscheidungsprozeß in der größten modernen Demokratie erfahren hat. »Wissen ist Macht«, sagt man zu Recht, denn die Macht beruht immer noch auf der Herrschaft über die Information: In Washington hat sich der Umgang mit Informationen revolutioniert. Die Zeiten sind vorbei, als die Arbeit des Lobbyisten darin bestand, ein paar einflußreiche Senatoren zu kennen, die man zum Essen einlud und zu bestechen versuchte. Diese Methode des politischen Handelns gefährdete zwar zugegebenermaßen die Integrität des demokratischen Prozesses, stellte aber die Prinzipien nicht in Frage. Wenn ein Lobbyist zu weit ging, steckte man ihn ins Gefängnis, und die Moral war wieder hergestellt.

Heute gefährdet das Handeln des Lobbyisten nur selten die Moral, es erschüttert die Funktion des demokratischen Apparats überhaupt. Der Interessenvertreter ist ein Informationsmakler. Er mobilisiert für sein Unternehmen oder die von ihm repräsentierten Interessen alle Informationen, mit denen er den eigenen Standpunkt untermauern kann. Wenn ein Straßenbauunternehmen die parlamentarische Bewilligung von Geldern zum Bau einer Autobahn herbeiführen will, dann wird der Lobbyist vollständigere und präzisere Informationen zusammenstellen als jede Planungsbehörde und die Vorteile der Autobahn für die Allgemeinheit bis ins kleinste Detail darlegen. Vertritt er in eben diesem Fall eine Umweltschutzorganisation, dann wird er in allen Einzelheiten die unheilvollen Konsequenzen für die Umwelt aufführen. So kommt es in jeder Sache, bei jedem Gesetz zum Kampf der Lobbyistenbüros, die sich heftige Gefechte liefern und als bevorzugte Waffe die Information einsetzen. Die Amtsstuben sind für diese Auseinandersetzungen häufig schlechter gerüstet als die einzelnen Interessenvertreter, die über ganz andere Mittel verfügen. Gewiß arbeiten Lobbyisten nicht unbezahlt; nur wer zahlungsfähig ist, kann ihre Dienste zur Vertretung seiner Interessen in Anspruch nehmen. In dieser Hinsicht wird oft Kritik am amerikanischen System geübt, weil vermeintlich nur die Reichen ihre Interessen wirkungsvoll verteidigen können. Das ist insofern teilweise falsch, als in den USA fast allen Interessengruppen solche Mittel zu Gebote stehen, selbst den Armen, wenn sie als Gesellschaftsgruppe vertreten werden. Man denke nur daran, welche Mittel die Bevölkerungsgruppe der Schwarzen zur Verteidigung ihrer Belange mobilisieren kann.

So könnte man also eigentlich den optimistischen Schluß ziehen, diese Professionalisierung der Arbeit des Lobbyisten stelle eine Verbesserung für die Demokratie dar, in der nun vollständigere Informationen zur Verfügung stehen. Wenn der Kongreß für die politischen Ideen das bedeutet, was die Börse für die Aktien ist, kann man dann nicht eine Parallele hinsichtlich der Entwicklung beider Märkte ziehen? So wie an der New Yorker Börse der Aktienkurs zunehmend abhängig von der Meinung »institutioneller« Anleger ist, deren Einschätzung auf der professionellen Analyse der Unternehmensbilanzen beruht, könnte man für den Kongreß eine Professionalisierung der Auseinandersetzung feststellen, in der durch die Arbeit von Lobbys, die gegensätzliche Interessen vertreten, mehr Informationen verwertet werden können. Die Politik müßte davon doch profitieren.

Handelt es sich aber noch um Politik? Im Zusammenhang mit dem Lobbyismus besteht nämlich ein Mißverständnis: Man glaubt, die ehrliche Konfrontation zwischen den Einzelinteressen müsse notwendigerweise dem Interesse der Allgemeinheit dienen.

Nun schützt zwar das amerikanische System die privaten Interessen sehr gut, und es kann auch öffentliche Interessen schützen, wenn sie einer einzelnen Gruppe zugute kommen, etwa der Stiftungslobby. Doch verfügt das System nicht über die Möglichkeit, das Interesse der Allgemeinheit, d. h. des Kollektivs als einer Gruppe, sichtbar werden zu lassen. In dem Maß, wie die amerikanische Wirtschaft sich internationalisiert und die Ausländer das amerikanische System kennenlernen, wird der Begriff eines nationalen amerikanischen Interesses, das der Kongreß der Vereinigten Staaten formulieren würde, zunehmend abstrakt. Definitionsgemäß kann es keinen Verband zur Vertretung der Interessen des »amerikanischen Volks« geben! Im übrigen wäre der Zusammenhalt in diesem Verband ziemlich gefährdet, wenn er einfach die Summe der verschiedenen Interessengruppen darstellte, die sich im Kongreß gegenüberstehen. Denn warum sollten diese Gruppen nur amerikanisch sein? Auch die koreanischen, japanischen, europäischen Unternehmer nehmen die Dienste der Lobbyisten in Anspruch. In der Vergangenheit pflegte man zu sagen: Was gut ist für General Motors, ist gut für Amerika. Eines

Tages wird es vielleicht heißen: Was gut ist für Honda, ist gut für Amerika!

Eine solche Konfrontation läuft also auf eine Lähmung hinaus, weil es jenseits der einzelnen Auseinandersetzungen kein übergreifendes Prinzip gibt. Die Amerikaner haben ein Bild, mit dem sie diese Situation wechselseitiger Blockade beschreiben: *political gridlock*, politischer Verkehrsstau. Dieser Ausdruck bezieht sich auf den Stau an Straßenkreuzungen, bei dem jeder Fahrer den Eindruck hat, was ihn behindere, sei das Auto vor ihm, während die Vogelperspektive beweist, daß jeder einzelne an der Blockade mitwirkt. In einer fortgeschrittenen Demokratie wird es immer schwieriger, sich über die Einzelinteressen zu erheben, um den Blick aus der Vogelperspektive zu bekommen!

Am Anfang dieser Entwicklung steht der leichtfertige Verzicht auf die Forderung nach dem Vorrang des Politischen: Die Politik besteht nicht als bloßes Endergebnis der Privatinteressen, sondern setzt einen Gesellschaftsvertrag voraus, der allen Einzelverträgen vorausgeht und auch über sie hinausreicht. Wenn man dieses Postulat fallen läßt und die Politik bloß noch als Funktion eines Markts versteht, auf dem der Wert der jeweiligen Interessen ausgehandelt wird, dann gerät der politische Raum sogleich in Gefahr, sich aufzulösen, weil es keinen Markt gibt, auf dem der »Wert« des nationalen Interesses festgelegt und der Raum der Solidarität umrissen werden könnte. Wenn die nationale Kollektivität nicht mehr vorgegeben ist, sondern zur Wahl steht, hat nämlich niemand die Mittel, diese Wahl mit den gleichen rationalen Kriterien zu begründen, die sein Handeln in der funktionellen Wahrnehmung seiner Interessen lenken. Kein wirtschaftliches Gesetz kann die territoriale und historische Evidenz der Nation ersetzen.

Durch die Professionalisierung der Interessen löst sich die Politik in eine Vielzahl von partikulären Konfrontationen auf. Wo das Bewußtsein eines gemeinsamen Schicksals noch vereinzelt fortlebt – zusammen mit dem, was es an Erinnerung und daher auch an Fähigkeit beinhaltet, eine gemeinsame Zukunft ins Auge zu fassen –, handelt es sich nicht um ein Produkt dieser Professionalisierung. Deren Logik führt letztlich zu extremer Aufsplitterung. Da kein regulierendes Prinzip vorhanden ist, das von allen als den Einzelinteressen übergeordnet anerkannt wird, hat jeder die natürliche Neigung, seine Interessen bis zum äußersten zu verteidigen. Im Namen welchen Prinzips sollte man sich beschränken? In der amerikanischen Gesellschaft zeigt sich das am deutlichsten in der verbreiteten Tendenz zu spitzfindiger Vorteilssuche. Der Wortlaut eines Vertrags in den USA stellt immer den Versuch dar, die eigenen Rechte vollständig auszuschöpfen; die Rechtsanwälte sind die Söldner einer Gesellschaft, in der jeder Akteur im verbissenen Einzelkampf seine partikulären Interessen verfolgt. Der Vertrag ist nie etwas anderes als die Waffenruhe in der sozialen Schlacht. Jenseits der Buchstaben des Vertrags existiert kein Bereich der Gemeinsamkeit, auf dessen Boden die Protagonisten »auf Treu und Glauben« die Waffen niederlegen könnten. Es ist unmoralisch, vertragswidrig zu handeln, aber außerhalb der vertraglich vereinbarten Regeln gibt es keine Moral. So ist der Kampf erbittert und überrascht oft die Europäer, die für böswillig halten, was bloß fehlender guter Glaube ist. Nichts im dunklen zu lassen ist lebenswichtig, man muß Rechte, die man überläßt, Verpflichtungen, die man eingeht, präzise beschreiben. Im juristischen Nahkampf muß das Gelände lückenlos besetzt werden, weil der Gegner sonst unweigerlich die weißen Flecken für sich erobert. Der Anwalt hat immer die Pflicht, im jeweiligen Vertrag das Maximum herauszuholen. Die Gegenpartei würde es gar nicht verstehen, wenn er das versäumte, und in bestimmten Fällen könnten Richter eine Firma, die nicht alle ihre Rechte geltend macht, verdächtigen, geheime Absprachen vorgenommen und die Konkurrenz eingeschränkt zu haben.

In der Tat gibt es nichts Unerträglicheres als das, was die Juristen als »Interessenkonflikt« und illegale Absprache bezeichnen, weil das soziale Räderwerk dadurch ins Stocken kommt: Gehört ein Akteur gleichzeitig zwei Interessensphären an, wird die Rechnung mit den Kräften, durch die das gesellschaftliche Optimum erzielt werden soll, insgesamt in Frage gestellt. Es ist wichtig, daß jeder bei jedem Akt in seinem Leben einer eindimensionalen Logik gehorcht. Condorcet und Arrow haben übrigens gezeigt, daß nur mit dieser Logik die Summe der individuellen Präferenzen gebildet werden kann. In der Fachsprache der Wirtschaftswissenschaftler würde man sagen, es ist immer richtig, die Nützlichkeit zu »maximieren«. Das treibende Prinzip unserer Welt ist nicht die Anerkennung eines gemeinsamen Interesses, sondern der Kampf aller gegen alle, eine Auseinandersetzung, in der der Machtwille jedes einzelnen, jedes Machtpols, keine andere Grenze kennt als den Machtwillen des Nachbarn. Jede Macht geht bis an ihre Grenzen; wäre es anders, dann wäre Macht nicht durch Macht begrenzt, weil die Macht Dritter unverzüglich den Raum erobern würde, der durch die nutzlose Machtenthaltung anderer vakant geblieben ist.

Mit einer klaren Trennung zwischen öffentlicher und privater Sphäre hatten die Väter der liberalen Demokratie versucht, die eindimensionale Logik der Interessen mit der humanistischen Tradition zu vereinbaren, die aus jedem Menschen einen Staatsbürger macht: Der Bürger der Neuzeit war ein Doppelwesen, bewahrte sich aber in jedem seiner beiden Lebensbereiche eine gewisse innere Einheit. Durch den Verzicht auf die Forderung nach dem Vorrang des Politischen geht diese Trennung zwischen Öffentlich und Privat nicht verloren, aber sie wird wertlos, so daß der Begriff des Staatsbürgers selbst, der das andere Fundament der liberalen Demokratie darstellt, in nichts zerfällt.

Es gibt nicht nur nichts jenseits der Konfrontation der Einzelinteressen, sondern diese Interessen lösen sich ihrerseits in Bruchstücke auf. Derselbe Mensch kann gleichzeitig einer politischen Partei, einer Berufsgenossenschaft, einer Verbraucherorganisation und einem Unternehmen angehören; dem Interessenkonflikt entgeht er nur, wenn er bereit ist, sich unendlich oft aufzuteilen. Was hier sichtbar wird, ist eine Konstellation von vernetzten Berufen, die jeweils nicht mehr ein Einzelinteresse, sondern ein Moment dieses Interesses wahrnehmen, darstellen und strukturieren. Der Lobbyist, der Anwalt, der Finanzberater, der Referent für die Öffentlichkeitsarbeit, der Unternehmensberater, der Buchhalter, sie alle erbringen eine kurzlebige »Dienstleistung« als Reaktion auf eine besondere Situation.

Im Extremfall verwaltet der moderne Arbeitgeber, umgeben von den jeweiligen Spezialisten, nicht mehr ein Unternehmen, sondern Situationen. Es ist daher kaum verwunderlich, wenn man amerikanischen Unternehmen vorwirft, nur auf kurze Sicht zu agieren. Wo die Person abhanden kommt, geht die Erinnerung verloren. Das Blickfeld reicht bloß bis zum Rechnungsabschluß im Vierteljahr. So kann selbst die langfristige Planung zu einer besonderen Funktion, zur Spezialität werden, und es gibt Unternehmen, welche die Dienste von Strategieberatern in Anspruch nehmen, um ihre Ziele festzulegen. Das heißt die Logik einer Welt auf die Spitze treiben, die sich nicht mehr durch die Gemeinschaft von Menschen, durch die Nationen oder die Unternehmen definiert, aus denen sie besteht, sondern nur noch durch die Probleme, die sie zu lösen hat.

Wenn es lediglich einzelne Situationen gibt, dann muß man jede Situation nach ihren eigenen Regeln behandeln, nicht im Blick auf eine Dauer, die die Berechnungen unübersichtlich macht und gefährliche Unklarheiten ins Spiel bringt. Das gilt für den Rechtsanwalt, der einen Vertrag aufsetzt, ohne darüber nachzudenken, wie zwischen den Vertragspartnern ein Klima des Vertrauens hergestellt werden kann, ebenso wie für den Finanzberater, der für einen seiner Kunden einen günstigeren Kaufpreis zum Erwerb eines Unternehmens heraushandelt, auch wenn längerfristig der gewerbliche Nutzen des Kaufs fragwürdig ist. Die Beteiligten an dieser Entwicklung bestreiten es zwar, doch nach amerikanischer Logik liegt der Schwerpunkt eher auf der geschäftlichen Transaktion als auf dem Verhältnis zum Geschäftspartner. Das trägt zur Zersplitterung einer Gesellschaft bei, in der man Situationen verwaltet, statt die Grenzen der Einzelinteressen zu überschreiten.

Da der Auseinandersetzung die Dimension der Dauer verlorengeht und man sich auf Situationen zurückzieht, statt sich von Prinzipien leiten zu lassen, wird die Debatte inhaltsleer: sie noch »politisch« zu nennen, ist im Grunde sprachliche Irreführung. So ist auch die Orientierung auf die Massenmedien, die man der zeitgenössischen Politik naiv zum Vorwurf macht, lediglich Ausdruck einer Entwicklung unserer Gesellschaft, in der flüchtige Wahrnehmungen, wie die Medien sie vermitteln, das Bewußtsein eines in der Dimension der Dauer gemeinsam erlebten Schicksals ersetzen.

Man könnte sogar behaupten, die wesentliche Funktion des Politikers, der die gegenseitige Blockade in der professionellen Konfrontation der Interessen ohnmächtig mit ansieht, bestehe in Zukunft darin, die kollektiven Wahrnehmungen professionell zu verwalten und durch sie Kontinuität zu stiften: im Zeitalter der Kurzlebigkeit möchte der Politiker Apostel der Dauer sein, doch seine Mittel sind die der Kurzlebigkeit. In diesem Bereich verfügt er über offenkundige Vorteile gegenüber den anderen Akteuren des gesellschaftlichen Lebens. Die Art, wie man ihn bestimmt hat – durch allgemeine, direkte oder indirekte Wahl –, verpflichtet ihn zu einer Rolle als »Medium«, zu einer Existenz als Medienprodukt. Auf solche Weise erwirbt er eine einzigartige Position, denn er ist das einzige Mensch-Produkt mit allgemeiner Bestimmung. Die anderen »Mensch-Produkte« der Mediengesellschaft verfügen nicht über die gleichen Trümpfe: Als Unterhaltungskünstler wollen sie meist nur ein Segment der öffentlichen Meinung ansprechen und sind eng an ein spezifisches Produkt (Film, Schallplatte usw.) gebunden; als Führungskräfte in der Wirtschaft achten sie auf das Image ihres Unternehmens.

Der Politiker organisiert gemeinsam mit den Fernsehjournalisten die kollektiven Wahrnehmungen. Der eine lebt vom anderen. Das Ideal – dem Präsident Reagan schon recht nahe kam – wird Wirklichkeit, wenn der Politiker nicht mehr auf Bilder reagieren muß, die er nicht kontrolliert – den Fall der Berliner Mauer etwa –, sondern wenn er selbst das Bild, die visuelle Situation schafft, durch die er die Aufmerksamkeit der Medien fesselt. Der Terminkalender wird mit dem Ziel gestaltet, Situationen zu schaffen, wie ein guter Dramaturg die überraschende Wende vorbereitet: die »Bemerkung am Rande« im passenden Augenblick, das verblüffende Bild, das stärker wirkt als eine lange Rede. Der Höhepunkt eines Gipfeltreffens ist nicht mehr der Meinungsaustausch der Staatschefs, sondern die Pressekonferenz.

Das Fernsehen zwingt der politischen Auseinandersetzung seinen Rhythmus auf: Eine gute Tagesschau kann nicht mehr als ein wichtiges Thema in den Mittelpunkt stellen, und die Angst der Verantwortlichen vor Zuschauerschwund führt häufig dazu, daß die verschiedenen Programme denselben Schwerpunkt setzen. So redet man immer nur über ein Thema, an dem man rasch das Interesse verliert: nur selten hält es sich länger als eine Woche in den Nachrichtensendungen. Die Arbeit des

Politikers besteht also darin, seine Rolle so gut wie möglich zu spielen, um möglichst oft in den rund fünfzig Psychodramen präsent zu sein, die Jahr für Jahr über den Bildschirm gehen. Diese »lebenden Bilder« haben untereinander keinen Zusammenhang, was gleichzeitig von Vorteil und von Nachteil ist: Fehler und Erfolge geraten gleichermaßen rasch in Vergessenheit.

Fragmentierte Bilder und Personen, zerstückelte Zeit, vereinfachte Wahrnehmung: Das wichtigste und häufig das einzige Kriterium ist, ob ein Thema in aller Munde ist; denn eine Frage, über die nicht gesprochen wird, existiert nicht. Wenn es darum geht, was zu tun ist, dann fördert diese Form der Auseinandersetzung die Bildung einseitiger Positionen. Bei jedem Problem existiert ein dominanter Standpunkt, auf den man sich durch ein Ja oder Nein bezieht. Nuancen und Einschränkungen, bedingte Ablehnung oder Zustimmung sind unbeliebt, weil schwer vermittelbar. Hier kommt die Wirkung lobbyistischer Arbeit und professionalisierter Information zur Geltung. Der zusätzliche Beitrag der Interessenvertreter kompliziert den Entscheidungsprozeß stromaufwärts und simplifiziert ihn stromabwärts. Auf den ersten Etappen im Gesetzgebungsverfahren kommt es zu einer harten Auseinandersetzung zwischen Profis, die ihre Positionen abseits der politischen Debatte festzuschreiben trachten. Auf den letzten Etappen, wenn eine öffentliche Diskussion geführt wird, neutralisieren sich die verschiedenen Interessen meist gegenseitig in der Konfrontation: In fast allen Fällen gibt es gewichtige Argumente, mit denen sich die verschiedenen Positionen untermauern lassen. Dann hängt alles von dem Blickwinkel ab, unter dem ein Problem präsentiert wird. Die Frage der Wahrnehmung rückt in den Mittelpunkt, denn komplexe Darstellungen ermüden; ein Argument, das sich nicht in einem Satz zusammenfassen läßt, ist in den Medien nicht lebensfähig.

Letztlich entscheidet also die Fähigkeit des Politikers, »seine« Regie durchzusetzen, darüber, wer sich mit seiner Ansicht durchsetzt. Das hat man Präsident Reagan vorgeworfen, der als ehemaliger Schauspieler über eine Kommunikationsgabe verfügte, die er zur Popularisierung einiger simpler Ideen einsetzte. Natürlich kann eine Situation nicht befriedigen, in der die endgültige Entscheidung nur dadurch fällt, daß man die Auseinandersetzung auf nationaler Ebene vermeidet, weil diese zur endgültigen Blockade führen würde. Aber ist denn überhaupt eine Entscheidung gefallen? Nicht einmal das ist gewiß, denn der gewitzte Politiker weiß, daß es nichts Gefährlicheres gibt als den Schein, der sich zur Wirklichkeit verfestigt. Das letzte Stadium der Mediendemokratie wäre nämlich erreicht, wenn die politische Auseinandersetzung nicht mehr um tatsächliche Entscheidungen geführt wird, sondern nur noch um die kollektive Wahrnehmung, die ein Volk von sich selbst hat. Dabei kann es dazu kommen, daß diese Wahrnehmung sich sehr weit von der Wirklichkeit entfernt. So sind unter Reagans Präsidentschaft im Widerspruch zu den verkündeten Zielen die öffentlichen Ausgaben gestiegen. Das ist unwichtig: Was zählt, ist die Tatsache, daß sich die Wahrnehmung des Gegenteils durchsetzte und man in der Wirtschaft den Eindruck hatte, der staatliche Einfluß in den USA sei zurückgedrängt worden. Eine solche

Botschaft – die rund um die Welt ging – hat unmittelbare Folgen, die bedeutsamer sind als der reale Staatshaushalt. Umgekehrt zählte es kaum, daß Präsident Carter vor Reagan die amerikanische Aufrüstung begonnen hatte, weil er es nicht verstand, sich das Image eines starken Präsidenten zu verschaffen; diese Unfähigkeit wog schwerer als die tatsächliche Aufrüstung.

Wir sind also in jeder Hinsicht weit von den Zielen des 18. Jahrhunderts und ihrer vollendetsten Ausprägung, der parlamentarischen Demokratie, entfernt. Der Traum von der Macht, die Macht beschränkt, die Aufteilung der Gewalten auf mehrere kleine autonome Machtpole, führt nicht zum Gleichgewicht, sondern zur Lähmung. An die Stelle der öffentlichen Debatte, die im Licht der Vernunft ausgetragen wird, tritt die professionelle Konfrontation der Interessen.

Die liberale Demokratie beruhte auf zwei Postulaten, die heute in Frage gestellt werden: die Existenz eines politischen Raums als Ort des sozialen Konsenses und des öffentlichen Interesses einerseits und die Existenz von Akteuren, die aus eigener Energie ihre Rechte ausüben, ihre »Gewalt« zum Tragen bringen, noch bevor die Gesellschaft sie zu eigenständigen Personen macht. Statt dessen gibt es nur kurzlebige Situationen und, von diesen abhängig, provisorische Allianzen, die sich auf *ad hoc* mobilisierte Kompetenzen stützen. Es gibt keinen politischen Raum als Ort kollektiver Solidarität, sondern nur vorherrschende Wahrnehmungen, die ebenso flüchtig sind wie die Interessen, durch die sie gelenkt werden: Atomisierung und Homogenisierung zur gleichen Zeit. Eine Gesellschaft, die sich in immer kleinere Fragmente teilt, ohne Erinnerung und ohne Solidarität, eine Gesellschaft, die ihre Einheit nur in der Aufeinanderfolge von Bildern ihrer selbst findet, die ihr die Medien Woche für Woche vorsetzen. Eine Gesellschaft ohne Bürger und daher letztlich eine Nicht-Gesellschaft.

Die Krise ist nicht – wie man es in Europa gerne sähe in der Hoffnung, sie zu vermeiden – die Krise eines besonderen, des amerikanischen Modells. Die Vereinigten Staaten treiben zwar die Logik der Interessen-Konfrontation, in der sich die Idee eines öffentlichen Interesses in nichts auflöst, bis auf die Spitze, und die Steuerung der kollektiven Wahrnehmungen hat dort einen Grad an Raffinesse erreicht, der europäische Maßstäbe übertrifft. Doch der Extremfall hilft die Normalität verstehen, und die amerikanische Krise eröffnet den Blick auf unsere Zukunft.

Das zweite Land, in dem wir das Sinnbild unserer Zukunft sehen können, ist Japan. Hier zeigt sich die andere Facette des Untergangs der Politik und der neuen Epoche der Vernetzung. Japan hat die Strukturen der Aufklärung nicht kennengelernt, nicht den Kult des Individuums, den Traum von einer sozialen Mechanik, welche die Vielzahl der Einzelschicksale berücksichtigt. Dieses Land ist unmittelbar aus dem Feudalzeitalter in eine Modernität übergegangen, in der wir uns noch nicht wiedererkennen. Sein Erfolg ist für das Ende der Politik ebenso bezeichnend wie die Krise in Amerika.

Der Erfolg Japans ist nämlich nicht politischer Natur: Die Professionalisierung der Interessen und die darauf folgende Zersplitterung findet in Japan ihr natürliches Gegengewicht in der durch Riten wachgehaltenen Erinnerung an eine gemeinsame Herkunft. So entgeht das Land der Lähmung Amerikas, wo man zur Zeit kein Mittel findet, die institutionelle Logik der Ursprünge mit der relationellen Logik moderner Macht zu vereinbaren: Blockiert durch Koalitionen von Neinsagern, hin- und hergerissen zwischen einer Vielzahl verschiedenartiger Auseinandersetzungen, die nicht mehr auf einem gemeinsamen Boden der Politik und des öffentlichen Interesses zu einem Ende geführt werden, kann die Regierung in Washington keine Entscheidungen mehr treffen. In Japan liegt der Fall anders, doch vermeidet man die Lähmung dort nicht durch Politik. Japan hat das Glück, nicht auf einem Vertrag, sondern auf jahrhundertealte Gewohnheiten aufzubauen. In Tokio gibt es nicht mehr Staatsbürger als in Washington. Japan ist keine Gesellschaft, sondern die Erinnerung an eine Gesellschaft; Machtverhältnisse werden gespielt, die Demokratie wird – in einem Land, in dem dieselbe Partei jahrzehntelang an der Macht gewesen ist – als Theaterstück aufgeführt, und die wohlinszenierte Choreographie sorgfältig begrenzter Konfrontationen stellt die asiatische Umsetzung der Medienduelle im modernen Amerika dar. Die Marionettenbühne – *Bunraku* dort, Kasperltheater hier – ist eine andere, das Geschehen folgt nicht den gleichen Regeln, aber in beiden Fällen ist es »apolitisch«.

Man kommt aus entgegengesetzten Richtungen, aber in beiden Fällen haben wir es mit korrumpierten Formen der parlamentarischen Demokratie zu tun, falls dieser Begriff eine Regierungsform bezeichnet, in der die Exekutive den Staat unter der Aufsicht der Legislative und der Judikative lenkt. Um eine Kontrolle zu gewährleisten, müßten jene institutionellen Machtpole noch existieren, deren Verschwinden wir festgestellt haben. Es müßte Kontrollierende und Kontrollierte geben. Die Urheber einer Entscheidung müßten eindeutig zu bestimmen sein. Das ist nicht mehr der Fall, wenn die Vielzahl der Entscheidungsträger die traditionelle Sehweise zunichte macht: Die Zeit ist vorbei, als ein großes Gesetz noch die Prinzipien definierte und die Verwaltungsinstanzen verpflichtete, ihre Anwendung sicherzustellen. In Zukunft gibt es nur noch eine Folge kleiner Entscheidungen, deren Summe mehr scheinbar als in Wirklichkeit die »große Entscheidung« darstellt. Die Prozedur bei der Vorlage des amerikanischen Staatshaushalts, der von tausend punktuellen Forderungen in die verschiedensten Richtungen gezerrt und durch Entscheidungen von allgemeiner Tragweite, die bloß scheinbare Zwänge schaffen, rein äußerlich im Rahmen gehalten wird, illustriert diese Welt, in der die Lähmung der Institutionen am Ende zu einer Diffusion der Macht führt, die von der japanischen Logik nicht mehr weit entfernt ist. Die Exekutive hat die Initiative abgegeben, ohne daß das Parlament seine Souveränität gestärkt hätte.

Daher darf man sich nicht wundern, wenn in den »fortschrittlichen« Demokratien die Wähler seltener an die Urnen gehen und die meisten Politiker ihre Mitbürger nicht mehr respektieren, wobei Japan hier wie in anderen Bereichen der Moderne als Vorreiter fungiert. Der Politiker, den sich die Aufklärer erträumten, sollte der Geburtshelfer der Wahrheit in der Gesellschaft sein. Mit der Gabe der Rede und der Vernunft ausgestattet, sollte er im Rahmen der parlamentarischen Zeremonie soziale Transzendenz sichtbar machen. Wenn man aber dieses Ziel anstrebt – das kollektive und demokratische Verfolgen des öffentlichen Interesses –, müßte man von der Prämisse ausgehen, daß jeder Mensch die Wahrheit in sich haben und sie daher auch erkennen kann.

Nichts liegt unserer Epoche ferner als diese Vorstellung eines Personensubjekts, das selbständig existieren könnte – außerhalb des Beziehungsgeflechts, in dem es seinen Platz einnimmt und durch das es allein definiert wird. Selbstverständlich gibt es Gefühle und sogar Leidenschaften, die insofern bedrohlich sind, als sie das homogene soziale Gewebe zerreißen könnten, das Beziehungen ermöglicht; doch konstituieren diese Leidenschaften eine Person nicht, wie die Sünde den Christen konstituiert. Wir werden zunehmend »japanisch«, und die Visitenkarte ersetzt Taufe und Bürgereid zugleich. Wie zwei Insekten, die sich vorsichtig mit ihren Fühlern abtasten, tauschen wir die Visitenkarten – kodierte Zeichen, ohne die eine funktionelle Beziehung, die vollständig durch die auslösende Situation definiert ist, nicht hergestellt werden kann.

Der gesellschaftliche Schliff ersetzt die Politik. Er ist nicht mehr der Lack, mit dem man die gesellschaftliche Wirklichkeit überzieht, sondern diese Wirklichkeit selbst.

Die Zeichen verweisen auf keinerlei Wahrheit, die den gemeinsamen Boden darstellen könnte, auf dem die Menschen zusammenfinden. Denn wenn es so wäre, gäbe es auch Menschen, die allein sind, eingeschlossen in ihre einsame Erkenntnis der Wahrheit, wie Galilei im Angesicht seiner Richter. Nein, eine andere Wahrheit als die gesellschaftliche gibt es nicht, der Einsiedler in der Wüste hat ausgedient; die einzige Erkenntnis, die es noch wert ist, vertieft zu werden, ist die der Zeichen: um neue Regeln zu dechiffrieren, nicht neue Wahrheiten. Das Wissen besteht nämlich nicht in der Entdeckung irgendeiner Ur-Wahrheit, sondern in der Ansammlung neuer Zeichen. Die Jagd danach geht immer weiter.

So erklärt sich auch, warum Japan, als das vollkommenste Modell einer Welt, in der die Regel das Prinzip ersetzt, gleichzeitig für andere Zivilisationen empfänglich und ihnen gegenüber völlig undurchdringlich sein kann. Es fügt seiner Zeichensammlung weitere Zeichen hinzu. Alles kann es von Europa übernehmen, außer einem: die Idee der Wahrheit. Es nimmt ja die »Wahrheit« der anderen um so leichter an, als es auf seine eigene nicht verzichten muß. Bezüglich der Wahrheit gibt es nur Methoden, Gebrauchsanweisungen... Jede Regel, die »funktioniert«, verdient Aufmerksamkeit.

Da wir es aufgegeben haben, ein politisches Gemeinwesen zu bilden und eingezwängt sind zwischen angehäuften Zeichen und dem Respekt vor Verfahrensweisen, haben wir als betriebsame Partikelchen im vernetzten Zeitalter mit der Evidenz der Nation und des Territoriums jenes Fundament von Prinzipien verloren, das uns als Gesellschaft konstituierte. Wir können höchstens noch hoffen, wie die Japaner in Erinnerung und Riten den blassen Abglanz einer Gesellschaft zu finden, die aufgehört hat zu existieren.

Die Libanisierung der Welt?

Das Morden im Libanon hat fünfzehn Jahre lang gedauert, und am Ende hat man davon kaum noch Notiz genommen. Der »komplizierte Orient« und eine vermeintliche Neigung zur Gewalt der dort lebenden Völker wurden für eine Situation verantwortlich gemacht, die unter zivilisierten Nationen selbstverständlich nicht eintreten könne. Gewiß erinnert sich noch der eine oder andere an vergangene Zeiten, als Beirut mit Nizza verglichen wurde und als modernste Hauptstadt der Levante galt. Ihr Niedergang ist anscheinend einer ungünstigen Umgebung zuzuschreiben; die Lehre, die daraus zu ziehen wäre, hieße dann: Um uns herum existieren primitive Gesellschaftsordnungen, gegen die wir uns schützen müssen wie hinter Mauern, damit die Bequemlichkeit unserer komplexen Welt nicht durch die Barbaren auf allen Seiten in Frage gestellt werden kann. Mit der fortschreitenden Integration in unserer Welt der Reichen müßte eine immer deutlichere Scheidung von der Welt der Armen einhergehen – die man besser nicht als Dritte, sondern als »andere Welt« bezeichnen sollte.

Schon heute ist diese Lösung die heimliche Versuchung unserer Gesellschaft, auch wenn sie nur vereinzelt öffentlich formuliert wird. In Europa sind sich alle darin einig, daß die Einwanderung aus dem Süden gebremst oder völlig zum Stillstand gebracht werden muß. Zwar handelt es sich noch nicht um eine Grundsatzposition, doch sind wir aufgeschlossener gegenüber einer Einwanderung aus unseren östlichen Nachbarländern, also von Europäern und Christen, als gegenüber der Einwanderung von meist moslemischen Arabern, Türken oder Afrikanern aus dem Süden. In Anlehnung an die Soziologie spricht man in der Politik von der »Toleranzschwelle«, durch die der Anteil der Einwanderer in einem bestimmten Gemeinwesen nach oben begrenzt wird. Demnächst wird man das Prinzip einer Abwägung zwischen Einwanderern aus dem Norden und solchen aus dem Süden akzeptieren. Mit großer Wahrscheinlichkeit gelten dann nicht Kompetenz und Ausbildungsniveau als Auswahlkriterien, sondern Herkunft, Nationalität und implizit auch Religionszugehörigkeit. Bedeutet der Leidensweg der muslimischen Bevölkerungsgruppe in Bosnien-Herzegowina, daß für die Moslems in Europa kein Platz mehr ist? Wird die Herstellung einer Volksgruppenidentität zu ebensoviel Blutvergießen führen wie die Völkerkriege der Vergangenheit? Die Einwanderung in den wohlhabenden Westen und das Auseinanderbrechen der Vielvölkerstaaten im Osten werfen die Frage nach einer Definition der Gesellschaftsgruppe wieder auf, und wir wissen nicht, welchen Grad der Gewalt und der

Zersplitterung man im früheren Jugoslawien und der ehemaligen Sowjetunion wird erreichen müssen, ehe sich eine neue Solidarität durchsetzen kann. Der Libanon ist nicht irgendein abgelegenes Land im Nahen Osten. Er ist mitten unter uns.

So liegt die vermeintliche »Rückständigkeit« des Mittleren Ostens der Modernität unserer Welt möglicherweise näher, als uns lieb ist. Sie zeigt die Gefahren unseres neuen Zeitalters der Abstraktion, in dem räumliche Zwänge nicht mehr gelten. Ungestraft kann sich die Macht vom Raum nicht lösen, und der von jeher gefährdete Kompromiß zwischen Volksgruppe und Nation ist zerbrochen. Dort, wo es keine Nation mehr gibt, ist die Volksgruppe, dort, wo das Territorium keine Grenzen hat, sucht man nach den Ursprüngen. Wenn du dich nicht durch den Ort definieren kannst, wo du lebst, dann sag mir, woher du kommst.

Im Mittleren Osten ist nicht der Raum, sondern das Wasser knapp, und die nationale Zugehörigkeit hat keine Bedeutung. Die Zuordnung findet aufgrund von Verwandtschaft statt, in der Großfamilie, dem Stamm, der nicht an ein Territorium gebunden ist, sondern an Stammesführer, die den Schutz übernehmen und Ausdruck persönlicher Solidarität sind, die häufig auch eine religiöse Konnotation hat. Saudi-Arabien ist keine Nation. Der Irak kommt dem Begriff dadurch näher, daß er das totalitäre Modell auf seine Art übernommen hat: Es ist der Regierung in Bagdad gelungen, durch Krieg und Polizeiterror die Strukturen eines Staats zu schaffen. Doch was ist eine Solidarität wert, die erduldet wird? Der Bürgerkrieg, der das Land zerrissen hat, zeigt die Gefahr, daß eine solche »nationale« Konstruktion den totalitären Apparat, dem sie ihre Existenz verdankt, nicht überleben würde.

Ist Israel eine Nation im europäischen Sinn? Ursprünglich war es so gedacht. Seine Gründer, europäische Juden, hatten die weltliche Vision eines Gesellschaftsvertrags, der alle Möglichkeiten offenließ: eine bestimmte Form sozialer Beziehungen und das Verhältnis zu Grund und Boden wurden für ebenso wichtig erachtet wie Abstammung.

Seitdem aber das Modell der kollektiven Wirtschafts- und Lebensweise, das Ideal der Kibbuzim, gescheitert ist, besteht die Gefahr, daß man die jüdische Identität nicht mehr im gemeinsamen Ideal begründet, das auf einem bestimmten Territorium zu verwirklichen ist, sondern in der Abstammung. Dann gäbe es keine Nation mehr, sondern eine Volksgruppe.

Diese Logik der Volksgruppe war jahrhundertelang möglich, weil sie nicht im Wettbewerb mit der nationalen Logik stand. Es handelte sich nicht nur um eine Koexistenz der verschiedenen Volksgruppen, sie waren darüber hinaus vielfach miteinander verwoben. Die Juden sind in der islamischen Welt lange Zeit weniger verfolgt worden als im christlichen Abendland. Jede Volksgruppe hatte ihre Gesetze, ihre Vertreter, ihr Oberhaupt. Sobald sie die vorherrschende Macht anerkannte, war sie »geschützt« und einigermaßen autonom. Sie erkaufte sich ihre Ruhe mit einem regelmäßig an die Herrschenden entrichteten Tribut, und durch diesen begrenzten Austausch war die Machtfrage geklärt.

Das Gleichgewicht war also um so stabiler, je niedriger

die gegenseitigen Erwartungen waren. Die Zeit, in der die Kenntnis des Gesetzes allgemein vorausgesetzt wurde und Bürger und Staat eine unauflösliche Einheit bilden sollten, lag noch in weiter Ferne. Die Abgrenzungen zwischen den verschiedenen Volksgruppen waren daher trotz ihrer religiösen Grundlagen keineswegs endgültig. Besonders im Libanon – wo sich die verschiedenen Gruppen häufiger als sonst vermischen – ist es mehr als einmal dazu gekommen, daß ein ganzer Stamm seinem Oberhaupt folgte und sich aus politischen Gründen für eine neue Zugehörigkeit entschied. Tatsächlich war in den großen monotheistischen Kulturen des Nahen und Mittleren Ostens das Verhältnis zur jeweiligen Gottheit lange Zeit ebenso pragmatisch wie das Verhältnis zu den Machthabern. Und wenn sich kein Kompromiß finden ließ, bot das Nomadentum einen weiteren Ausweg: Der Stamm löste sich aus den Banden, die ihn vorübergehend an ein Territorium fesselten, und wanderte aus, um das Gleichgewicht, das er an diesem Ort nicht herstellen konnte, an anderer Stelle zu suchen.

Die Komplikationen begannen, als bestimmte einfache Vorstellungen aus Europa in den Orient drangen. Die Machthaber wollten ihre Legitimität mit der Idee der Nation begründen. Dieser neue Ehrgeiz ließ sie danach streben, territoriale Grenzen festzulegen. Die europäischen Mächte, die das ottomanische Erbe verwalteten, haben mit unerhörter Präzision Grenzen ziehen wollen – jene »imaginären Linien in einer grenzenlosen Wüste, in der die Stämme unaufhörlich umherziehen«, wie König Ibn Saud es formulierte. Und die gepunkteten Linien durchschnitten die Wüsten von einem Tag auf den anderen, so daß die abstrakte Logik Europas plötzlich in einem Teil der Welt zur Geltung kam, wo sich in der Beziehung zwischen Regierung und Volk die farbige Lebendigkeit des Basarhandels erhalten hatte: wortreich und nicht frei von Betrug, jedoch nie ausschließlich konfliktorientiert, weil die Beteiligten wußten, daß sie sich in dieser Welt inmitten feindlicher Wüsten wiedersehen würden.

Als Grenzen gab es bis dahin nur jene, die das ottomanische Reich von den europäischen Nachbarn trennten, und dabei handelte es sich eher um eine Reihe von ziemlich weit auseinanderliegenden Festungen als um genau beschriebene Grenzlinien. Im Innern hatten die Verwaltungsbezirke nie eine politische Einheit im europäischen Sinn definiert. Niemand wäre auf die Idee gekommen, für ein bestimmtes Territorium den jeweiligen Anteil der verschiedenen Volksgruppen zu errechnen. Es bedeutete wenig, daß die Sunniten hier, die Maroniten dort, die Griechen anderswo in der Mehrheit waren. Die Macht ging nicht vom Volk aus, die Rechtmäßigkeit beruhte nicht auf der Mehrheit. Noch heute sind die meisten Staaten in diesem Gebiet Diktaturen, denen die Idee der europäischen Demokratie völlig fremd ist. Doch es gilt das Prinzip der nationalen Souveränität, dessen Logik sich überall durchsetzt. In den beiden Ländern, die am stärksten durch europäische Vorstellungen beeinflußt sind, dem Libanon und Israel, hat das zu entgegengesetzten Konsequenzen geführt, die aber der gleichen Dynamik folgen.

Der Libanon hat Schritt für Schritt kollektiven Selbstmord begangen, weil er sich nicht als homogene Volksgruppe definierte: Der Kompromiß zwischen der Logik der Machtaufteilung unter den Volksgruppen und der Logik der Souveränität des Volkes hat den veränderten Kräfteverhältnissen zwischen den verschiedenen Volksgruppen nicht standgehalten; das Land brach auseinander, jede Gruppe rief Alliierte von außen zu Hilfe und bewaffnete sich nach dem Vorbild der palästinensischen Flüchtlinge, die 1969 von der Regierung des Libanon die Erlaubnis erhielten, bewaffnete Milizen aufzustellen. Zur Finanzierung der Waffen wurde eine eigene Organisation ins Leben gerufen, die ihre Mittel aus den verschiedensten Geschäften schöpfte. Diese konnten sich um so freier entwickeln, als der Staat immer weniger Herr der Lage war. Die Volksgruppen wurden gleichzeitig Festung und Gefängnis; die gestrichelten Linien, die man zwischen den Staaten ziehen wollte, tauchten nun im Innern des Staates selbst auf, schnitten Dörfer von ihrer Umgebung ab und markierten selbst innerhalb einer Stadt noch einzelne Viertel. Dort, wo die verschiedenen Strukturen zu eng ineinandergriffen, um eine klare Trennung zu ermöglichen, konnte man eine Klärung nur durch Greueltaten herbeiführen: Sunniten, die im von Christen bewohnten Bergland in Enklaven lebten, wurden systematisch ermordet, und das gleiche Schicksal erlitten Christen, die isoliert in moslemischer Umgebung wohnten. Die geographische Verteilung der Volksgruppen ist auf diese Weise allmählich übersichtlicher geworden, doch ist der Prozeß noch nicht abgeschlossen. Das Verhältnis zwischen dem libanesischen Staat und Syrien ist unklar; es ist keineswegs sicher, daß Syrien den Libanon beherrschen könnte, ohne das Gleichgewicht der

Volksgruppen im eigenen Land zu gefährden, in dem die alaouitische Minderheit dominiert. Der libanesische Teufelskreis wirkt also einerseits durch Syrien und andererseits durch die Rolle der Christen im Orient weit über das eigene Land hinaus. Die Massaker im Libanon verdeutlichen in ihrer Tragik, wie gefährlich der Rückzug auf die einzelne Volksgruppe werden kann, der seinerseits durch die Krise des europäischen Begriffs der Nation bedingt ist.

Zu den Ereignissen, die diese Entwicklung beschleunigt haben, gehört die Schaffung des Staates Israel. Der Status der palästinensischen Flüchtlinge im Libanon war, wie bereits gezeigt, ein wichtiger Schritt im dynamischen Prozeß der Aufsplitterung des Landes in seine Volksgruppen. Das ist insofern paradox, als sich die Palästinenser ursprünglich nicht als »Volksgruppe« definieren ließen: Der Palästinenser – Christ oder Moslem – definierte sich zunächst durch das Territorium, auf dem er geboren war; erst nach Jahrzehnten des Exils wird die Abstammung allmählich wichtiger als die territoriale Definition. Palästinenser ist heute jeder Nachfahre eines Palästinensers, so wie jeder Nachfahre eines Juden (nach hebräischem Gesetz: einer jüdischen Mutter) Jude ist.

Entgegen den noblen Wünschen seines ehemaligen Bürgermeisters hat sich Jerusalem geteilt, statt sich zu vereinen. Auch wenn ein starker israelischer Staat verhindert, daß diese Stadt dem Beispiel Beiruts folgt, weist die inzwischen wirkende Dynamik der Volksgruppen doch gelegentlich Parallelen zu dem auf, was man im Libanon erleben konnte. Die gleiche Feststellung kann man für die arabischen Bürger Israels treffen: Die Kluft zwischen den

Arabern und den jüdischen Bürgern Israels ist gewiß nicht mit der Kluft zwischen den Bewohnern der besetzten Gebiete und denen des übrigen Israel zu vergleichen, doch sie wird immer tiefer und birgt so die Gefahr, daß der Grundsatz der Rechtsgleichheit, auf dem die Demokratie beruht, seinen Sinn verliert. Israelische Araber zeigen ihre Sympathie für Staaten, die öffentlich den Willen bekunden, Israel zu zerstören, und israelische Juden diskutieren über den »Feind im Innern«. In Hochrechnungen zur demographischen Entwicklung zeichnet sich eine »Volksgruppen-Karte« Israels ab, auf der arabische und jüdische Zonen deutlich auseinanderrücken. Das Wahlsystem (Verhältniswahl auf nationaler Liste) macht es leicht, die immer schärfere Trennung der beiden »Volksgruppen« zu verschleiern, die durch einen Wahlmodus auf regionaler Grundlage sichtbar würde. Gewiß spricht nur eine Minderheit davon, die Araber aus den besetzten Gebieten oder sogar alle Araber aus Israel auszuweisen, aber offenbar gewinnen solche Vorstellungen bei einem Teil der israelischen Jugend immer mehr an Boden. Wie im Libanon stellt sich die Frage nach einem Kompromiß zwischen der Logik der Volksgruppen und der Logik der nationalen Souveränität. Die Gefahr, daß sich der Staat auflöst, ist in Israel durch die Vorherrschaft einer Volksgruppe zwar vermeidbar, das Risiko eines Auseinanderbrechens bleibt jedoch bestehen. Es wird nicht zur libanesischen Anarchie kommen, es könnte aber eine Ausschließung nach libanesischem Muster geben.

In einer ersten Phase hat die Unmöglichkeit, einen territorialen Kompromiß zwischen Israelis und Palästinensern zu finden, die letzteren in einer Art negativer Identität zusammengeschweißt. In einer zweiten Phase hat der Verlust einer territorialen Definition des Palästinensers, der von einem nicht-jüdischen Palästinenser aus Israel abstammt, dazu geführt, daß man nicht-territoriale Kriterien zu finden suchte: Dann bietet sich die religiöse islamische Identität als einfachste Antwort an. Es ist daher nicht überraschend, daß die durch die Muslim-Bruderschaft gestützte Hamas-Bewegung verstärkt Zulauf findet. In einer dritten Phase stellt sich die Frage nach dem christlichen Palästinenser: Die Logik der Aufsplitterung nach Volksgruppen trägt den Keim des Auseinanderbrechens der palästinensischen Identität in sich. Wie im Libanon käme es zur tragischen Zuspitzung des Problems der Christen im Orient, falls moslemische und christliche Palästinenser in mörderische Auseinandersetzungen verwickelt würden.

Vielleicht könnte Israel in einer solchen Situation vorübergehend durch einen Zugewinn an Sicherheit profitieren. Uneinigkeit im Lager des Gegners ist schon immer ein Ziel jeder Strategie gewesen. Doch gleichzeitig würde sich das Land die Fesseln eines Ideals der Gruppenidentität anlegen, mit denen man die nationalen Ambitionen der Staatsgründer preisgäbe. Wenn es dazu käme, könnte die Krise der israelischen Demokratie nicht mehr als Sonderfall erscheinen, sondern als ein Zeichen, das eine allgemeinere Krise demokratischer Systeme ankündigt, die an der Dynamik der Gruppenidentität zerbrechen. Ist das bloß eine extreme Hypothese, die nur für die europäische Peripherie gilt, für die Länder eines Balkans im Teufelskreis der Gewalt?

Das mag zutreffen, wenn man sich auf die Analyse historischer Faktoren beschränkt: In den Balkanländern und in einem großen Teil des ehemaligen kommunistischen Herrschaftsbereichs gibt es »Volksgruppen«, die um so rascher zu Kristallisationspunkten werden können, als die Nationalstaaten, in denen sie leben, ausgerechnet in dem Augenblick zu neuer Legitimität finden müssen, in dem die Idee des Nationalstaats eine Krise erlebt. Dennoch ist die Logik der Gruppenidentität, deren Gesetzen die Wirren in Mittel- und Osteuropa zu gehorchen beginnen, nicht mit der Auferstehung alter Dämonen gleichzusetzen, die durch den totalitären Kommunismus vorübergehend gebändigt waren. Diese Dynamik muß nicht zwingend vor unseren Grenzen haltmachen. Sie kann in anderer Gestalt die fortschrittlichsten Demokratien erfassen, weil sie auch einer technologischen Entwicklung modernster Wirtschaftsformen entspricht.

In welchen Schüben könnte sie verlaufen? Die geistigen Grundlagen der entsprechenden Einstellung sind bereits vorhanden: Man wird den Erfolg der Japaner gegen die amerikanische Krise ausspielen, den Triumph der Homogenität gegen das Scheitern des Schmelztiegels. An Argumenten dafür wird es kaum mangeln.

Die wirtschaftliche Entwicklung erfordert in der Tat eine immer entschiedenere »Integration« der Menschen, die alles beiseite schiebt, was nicht »normgerecht« ist; die zunehmende und – in komplexen Organisationen, in denen die Informatik eine wichtige Rolle spielt – auch unverzichtbare Formalisierung der Arbeitsverhältnisse grenzt Neuankömmlinge doppelt aus: Einerseits müssen sie bereit sein, sich einer Disziplin zu unterwerfen, die ihnen fremd ist; andererseits macht die Formalisierung der offiziellen Machtstruktur die inoffizielle Struktur undurchsichtiger, obwohl gerade sie von strategischer Bedeutung ist, weil die neuen Entwicklungen mit ihrer Hilfe zur Wirkung kommen. Die Spielregeln der Gesellschaft werden immer präziser, und es ist wichtig zu wissen, welchen Platz man einnimmt: Das Improvisieren ist stets riskant. Wer jedoch glaubt, in irgendeinem Handbuch den Schlüssel für alle Verhaltensweisen finden zu können, irrt sich. Die Initiation verläuft als langwieriger Prozeß der Assimilierung, an dessen Ende nicht nur die Beherrschung einer Sprache steht, sondern eines ganzen Komplexes »sozialer Zeichen«, durch die sich die Gruppe definiert. Viele Regeln sind zwar selbstverständlich geworden, aber in der modernen Sippe gibt es keinen Initiationsritus mehr.

Die technologische Entwicklung führt zu analogen Konsequenzen. Die alte Hierarchie der Berufe, die mit ihren unzähligen Abstufungen zwischen Arbeiter und Ingenieur eine Kontinuität schuf, wird durch den Wegfall der Zwischenstufen vereinfacht: Auf der einen Seite stehen diejenigen, die das Wissen erfinden und die Verfahren definieren; auf der anderen diejenigen, die sie in die Praxis umsetzen, d.h. die maschinelle Umsetzung überwachen. Diese Spaltung in zwei gesellschaftliche Blöcke stellt die zentrale Rolle der Mittelschicht in Frage, die in den letzten Jahrzehnten eine tragende Säule der gemäßigten Republik war, aber sie führt uns nicht in den Klassenkampf des 19. Jahrhunderts zurück. Die einzelnen Mitarbeiter eines modernen Unternehmens sind viel zu isoliert, als daß solidarische Verbindungen zwischen ihnen aufscheinen könnten, viel zu entwurzelt, um im Begriff der Gesellschaftsklasse eine Antwort auf ihr Verlangen nach Zugehörigkeit zu finden. Trotz ihrer Integration in ein Unternehmen, dessen Regeln sie beherrschen, sind sie als verwundbare Einzelgänger ohne jede direkte Verbindung zu einem greifbaren Produkt darauf angewiesen, »konform« zu sein, ohne daß ihre Konformität ihnen Identität verleihen könnte.

Was gilt dann erst von der stets wachsenden Zahl derer, die nicht mehr in das immer strengere Korsett einer genormten Gesellschaft passen: die »Unangepaßten« – schwarze Amerikaner, nordafrikanische Einwanderer, die aussortiert und wie mangelhaft verarbeitete Ware bei einer peniblen »Qualitätskontrolle« zu Ausschuß deklariert werden? Statt eine Mittelschicht, die sich ihrer Identität nicht mehr gewiß ist, zu stärken, wirken sie bedrohlich. Vielleicht sind sie das unvermeidliche Gegenbild in einer Welt, in der Gleichartigkeit der Schlüssel zur Leistung ist; sie werfen ihren dunklen Schatten auf all jene gescheiterten Weißen, die diesem Schatten vergeblich zu entkommen versuchen und in ihrem verzweifelten Wettlauf um Konformität ins Straucheln geraten.

Die wohlige Wärme einer Gruppe, gleichgerichtet und simpel, ist dann eine natürliche Versuchung. Wer die Vorstellung der Nation als immer abstrakter empfindet, wer von der Integration im Unternehmen ausgeschlossen ist, wen das Unternehmen isoliert, statt ihn in die Gemeinschaft hineinzuführen, dem wird die Gruppe möglicherweise als der natürliche Rahmen erscheinen, in dem jeder seine Identität wiederfindet. Der moderne Mensch – ohne Bindung an ein Territorium, »Nomade« und doch in einer Funktion gefangen, eines Standorts beraubt, der seiner Arbeit einen Sinn geben könnte, ein unendlich oft reproduzierter Webknoten der Gesellschaft und doch stets einsam – ist dazu verdammt, seine Besonderheit in der Suche nach seinen Ursprüngen zu finden. Er braucht sie, um mit den anderen, ebenfalls »Besonderen« das Gefühl einer gemeinsamen Zugehörigkeit teilen zu können.

Ein Reich ohne Herrscher

Die Rückbesinnung auf die Volksgruppe scheint im Gegensatz zu den großen, weltumspannenden Strukturen zu stehen, und wenn das imperiale Zeitalter auch das der Herrscher wäre, dann könnte es keinesfalls gleichzeitig die Epoche der diffusen, unauffindbaren Macht sein. Wenn aber der Gegensatz zwischen Imperium und Republik aufzufassen ist wie ein Gegensatz zwischen dem Undefinierten und dem Definierten, zwischen dem Verfahren und dem Prinzip, dem Wandelbaren und dem Unwandelbaren, dem Verwalter und dem Souverän, dann allerdings stehen wir an der Schwelle zur Entstehung eines neuen Imperiums. Seine Hauptstadt wird weder in Washington noch in Brüssel noch in Tokio oder Moskau liegen. Rom wird nicht mehr in Rom zu finden sein, und keine territoriale Evidenz, keine dominante Gruppe wird sich durchsetzen. Dieses Reich wird keine Supernation, keine Weltrepublik sein. Kein Herrscher wird es regieren. Und doch kommt die Vorstellung eines

Imperiums der künftigen Struktur am nächsten, wenn man dabei nicht an die unsicheren Konstruktionen eines Karl V. oder eines Napoleon denkt, sondern vielmehr an das Römische Reich und vielleicht auch das chinesische Kaiserreich. Sie stellen zwei Beispiele für einen politischen Raum dar, in dem die Herrscher weniger zählten als die Regeln, die nicht mit ihnen untergingen. China war eine Kultur, bevor es zum Staat wurde. Und die römische Staatsbürgerschaft blieb jahrhundertelang auch dann noch bestimmender politischer Faktor, wenn man mit schmutzigen Intrigen um die Macht im Reich kämpfte. Ein Reich ohne Herrscher, das war so lange möglich, wie die Barbaren nicht vor den Toren Roms standen.

Nie sind die Menschen sich ihrer Zahl so bewußt gewesen, und nie war die Idee der Gruppe so problematisch. Den Glauben an die Nation haben wir verloren, und jetzt verflüchtigt sich auch die Idee einer Weltrepublik. Uns fehlt die Gewißheit, die man im Zeitalter der Nationalstaaten besaß, als der soziale Organismus eine Gegebenheit, das Erbe war, auf dem man die verschiedensten politischen Konstruktionen bauen konnte, und so steht uns kein einfaches Rezept mehr zur Verfügung, um den Raum der Solidarität zu begrenzen. Es gibt heute kein unanfechtbares Erbe mehr. Die historische, gesellschaftliche oder territoriale Evidenz ist dahin. Die Definition des sozialen Gemeinwesens, der Verlauf der Grenzen, die Institution eines politischen Organismus stehen inzwischen zur Wahl. In der Zeit der Nationalstaaten ging es bloß darum, auf einem festgelegten Staatsgebiet für eine vorgegebene Gruppe die Gewalten gerecht wahrzunehmen, dem Gruppenwillen entsprechend über das zu verfügen, was ihr Erbteil war. Die abstrakte Freiheit des Gesellschaftsvertrags wurzelte in einer Geschichte, die unseren Wahlmöglichkeiten willkommene Grenzen setzte. Auf halbem Weg zwischen der Determiniertheit durch die Volksgruppe und dem freien Willen des Staatsbürgers stellte die Nation einen bequemen Kompromiß dar. Im postnationalen Zeitalter müssen wir die Karten selbst verteilen – eine Verantwortung, die rasch unerträglich werden würde, wenn sie sich den Gesetzen der klassischen Politik fügen müßte. Es gibt nämlich kaum ein politisches Problem, das schwerer zu lösen wäre als die Definition des politischen Gemeinwesens. Diese Frage – ob es sich nun um Einwanderungspolitik oder Minderheitenrechte handelt – führt zu Auseinandersetzungen, die in ihrer ausweglosen Härte deutlich zeigen, wie machtlos wir sind, wenn wir mit klassischen institutionellen Mitteln die Probleme unserer Zeit lösen wollen.

In Wahrheit gibt es keine institutionalisierten Körperschaften mehr, und wer vom 21. Jahrhundert die Weltrepublik und die Erfüllung des Kantschen Traums erwartet, täuscht sich zutiefst. Der schöne Pyramidenbau, in dem die Nationen durch regionale Strukturen – die ihrerseits die Stützpfeiler einer Weltordnung wären – ihre Streitigkeiten überwinden könnten, macht keinen Sinn mehr. Er beruht auf einem Modell der Entscheidungsfindung und der Macht, das der Wirklichkeit nicht mehr entspricht; was das komplexe Zeitalter kennzeichnet, ist das Unvollendete und das Ungleichgewicht.

Für uns beginnt die Zeit der offenen Systeme, ob es dabei um Staaten oder Wirtschaftsunternehmen geht, und die Kriterien des Erfolgs sind denen des institutionellen Zeitalters und seiner geschlossenen Systeme diametral entgegengesetzt. Der Wert einer Struktur bemißt sich inzwischen ebensowenig an dem erstrebten Gleichgewicht zwischen ihren verschiedenen Bestandteilen wie an der Schärfe ihrer Konturen, sondern vielmehr an der Zahl der Öffnungen und Kontaktpunkte, durch die sie mit allem, was ihr fremd ist, in Verbindung treten kann.

Die Debatte um die Zukunft Europas veranschaulicht in ihrer falschen Vereinfachung, welche Mängel ein institutionelles Vorgehen im Zeitalter der Vernetzung hat. Im Streit zwischen »Nationalisten« und »Föderalisten« stehen sich zwei institutionelle Vorstellungen gegenüber. Ihre Vertreter reagieren mit den Reflexen einer untergehenden Welt und zeigen so, wie unfähig sie sind, der neu entstehenden Welt gerecht zu werden.

Die einen fürchten um das Überleben der Idee der Nation und sehen die Übertragung souveräner Rechte mit großer Sorge, weil dadurch die nationale Identität gefährdet und die Würde der Parlamente verletzt würden. So finden sich in jedem Land der europäischen Union hartnäckige Verfechter der Idee der Nation. Sie glauben, nur die Nation biete den Rahmen für eine wirksame demokratische Kontrolle und politische Perspektiven, für die sich die Bürger noch engagieren könnten.

Auf der anderen Seite stehen all jene, die man als »Föderalisten« bezeichnen könnte. Sie gehen in ihrer Analyse immerhin von der Welt aus, wie sie wirklich ist, und nicht von einer Welt, die nur noch in der Vorstellung überlebt; dennoch ist das Europa, das sie sich vorstellen, ebenso utopisch wie die Nation der Nationalisten. Sie wissen, daß die Mitgliedsländer der Union schon heute einen bedeutsamen Teil ihrer nationalen Souveränität abgegeben haben. Im Bereich der Wirtschaft sind weniger als die Hälfte aller Regelungen nationalen Ursprungs. Sie entstammen im wesentlichen einer supranationalen Instanz, der EU-Kommission, und die Souveränität verteilt sich inzwischen auf mehrere Ebenen: die Region, das Mitgliedsland und die Union. Es gibt »Föderalisten«, die in dieser Aufteilung ein Abbild der Entwicklung in Amerika sehen wollen, eine Etappe auf dem Weg zu den Vereinigten Staaten von Europa; hier vollziehe man etwas nach, was vor zweihundert Jahren bei der Bildung der Vereinigten Staaten von Amerika vor sich gegangen sei. Da die EU die wirtschaftlichen, politischen und militärischen Dimensionen der Macht in *einen* Raum lege, sei sie dazu bestimmt, eines Tages eine Art »Übernation« zu werden, ausgestattet mit einer »europäischen Identität«, so wie es eine amerikanische oder französische Identität gebe.

Jetzt, da der Ost-West-Gegensatz nicht mehr das Ordnungsprinzip der Welt ist, wirkt dieser europäische Ehrgeiz ausgesprochen unzeitgemäß. Gewiß, die »Föderalisten« weisen zu Recht darauf hin, daß die Übertragung souveräner Rechte und die Ausweitung des Mehrheitswahlrechts das einzige Mittel darstellen, eine auf zwanzig oder dreißig Mitglieder erweiterte Union noch entscheidungsfähig zu machen. Die europäische Identität, von der sie träumen, ist nicht das Europa der Zwölf, sondern das geschichtliche Europa; für sie bedeutet der Aufbau des politischen Europa den Aufbau eines Europa aller

Demokratien. Der institutionelle Bauplan beinhaltet dabei die gleichzeitige Stärkung der föderalen Exekutivgewalten und ihrer Kontrolle durch das Europa-Parlament. Die Konstruktion ist schlüssig und ganz im Geist des institutionellen Zeitalters.

Die großen Umwälzungen unserer Epoche müßten allerdings an Europa spurlos vorbeigegangen sein, wenn eine solche Architektur die Zustimmung der Völker finden und politisches Konzept werden sollte. Wie Mitte der fünfziger Jahre müßte Europa immer noch eine demokratische Insel sein, deren Grenzen durch den Eisernen Vorhang ebenso eindeutig markiert wären, wie die Ozeane auf beiden Seiten die USA begrenzen. Dann könnte die europäische Union – wie die Vereinigten Staaten im 19. Jahrhundert – Schritt für Schritt das Territorium besetzen, das Geschichte und Geographie ihr zugedacht hätten. Nach dem Muster der USA im 19. Jahrhundert könnte man eine eigene Monroe-Doktrin verkünden und die Zuständigkeit für alle Vorgänge auf dem Alten Kontinent in Anspruch nehmen, aus dem man fremde Mächte, allen voran die USA, verdrängen würde. Lauter Hypothesen, die der Wirklichkeit einer Epoche der Vernetzung, in der die Zwänge – und die Bequemlichkeiten – der Geographie aufgehoben sind, nicht mehr gerecht werden.

Es gibt im Osten keinen Feind mehr, im Gegensatz zu dem sich der demokratische Sonderfall Europa definieren ließe. Europas Chancen und Probleme bestehen darin, sich nicht in eine geographische Definition zwängen zu lassen. Nach Osten hin gibt es nicht Grenzlinien, sondern fließende Grenzbereiche. Europa ist Rußland benachbart, der unvollendeten Sowjetunion. Diese post-sowjetische Welt erlaubt den Europäern nicht länger, jene Andersartigkeit für sich geltend zu machen, die eine trügerische Zuflucht vor der arabischen Welt gewähren könnte. Europa sieht sich mit dem Zerfall eines Imperial-staats konfrontiert und muß feststellen, daß es keine Nation werden kann, auch nicht auf föderaler Basis: dafür müßte es ein Staatsgebiet definieren und daher eine Grenze im Osten ziehen. Doch wie will man eine Grenze ziehen, in der das Land Tolstois und Dostojewskijs keine Heimat fände?

Im Westen verschafft der Atlantik den Europäern die Illusion einer greifbareren Grenze. Das heißt aber, der Geographie eine Bedeutung beimessen, die sie in einer Zeit immateriellen Reichtums und weltumspannender Kommunikation nicht mehr besitzt. Selbstverständlich darf man die Unterschiede zwischen Europa und Amerika nicht übersehen: Der kulturelle Unterschied – der am häufigsten genannt wird – ist gar nicht so groß, wenn man bedenkt, daß einerseits bestimmte amerikanische Universitäten die besten Errungenschaften der europäischen Kultur bewahren und andererseits Europa den Absatz der schlechtesten Produkte amerikanischer Unterhaltungsindustrie garantiert. Viel schwerer wiegen rechtliche Unterschiede – die in der Weigerung des Obersten Gerichtshofs Amerikas zum Ausdruck kommen, sich einer höheren Gerichtsbarkeit zu unterwerfen – und die unterschiedliche politische Tradition – mehr »Solidarität« in Europa, mehr »Freiheit« in den USA. Wenn diese Unterschiede ausreichen sollen, um den Boden für ein politisches Konzept abzugeben, müßten sie groß genug sein, um die Phantasie zu beflügeln und jene »kollektiven Wahrnehmungen« zu bewirken, die heute, wie wir gesehen haben, das einzige Feld darstellen, auf dem die Politik sich noch wirksam betätigen kann.

Das darf mit Fug und Recht bezweifelt werden, und ein Europa von morgen, das seine Identität findet, indem es gerade die Unterschiede zu Amerika pflegt, ist schwer vorstellbar. Die europäischen Föderalisten verweisen mit Recht darauf, wie überholt der alte Nationalismus ist. Mit ihrem Konzept, das *de facto* einen europäischen Nationalismus zur Voraussetzung macht, befinden sie sich jedoch im Irrtum. Offen nach Osten wie nach Westen kann Europa sich als politisches Gemeinwesen nicht so konstituieren wie die Nationen, die ihm vorausgingen: Zwar hat es durchaus nicht nur Freunde, aber auch keinen einzigen eigenen Feind; es ist immer nur gemeinsam mit anderen bedroht. Ihm fehlen die Kriege, in denen sich die alten Nationen aufgerieben, aber auch gebildet haben. Damit Europa seinerseits zu einer Nation werden könnte, müßte es ein großes gemeinsames Unglück erleben.

Die Idee eines »nationalen europäischen Interesses« müßte einen Sinn haben, während doch schon die Kombination dieser Worte hinreichend zeigt, wie vergeblich ein solches Unterfangen ist: Die Außenpolitik der europäischen Union könnte nicht die bloße Summe der Politik seiner Mitgliedsländer sein.

Natürlich gibt es »gemeinsame europäische Interessen«. Ein Franzose, ein Deutscher, ein Engländer wünschen sich den Erfolg des Airbus und nicht der Boeing; sie wollen, daß in Europa genügend technologische Ressourcen verbleiben, die den Wohlstand des Kontinents gewährleisten; sie wissen, daß die Zukunft denen gehört, die fähig sind, Kompetenz und Talente heranzubilden und anschließend zu erhalten. Doch genügen diese berechtigten Anliegen nicht, um die Umrisse eines neuen politischen Gemeinwesens zu definieren. In bestimmten Angelegenheiten kann es dadurch zu Interessenkonflikten kommen, in anderen zur Kooperation mit Amerika oder Japan. Solche Anliegen bilden keine Grundlage für eine spezifisch europäische Identität, die alle Europäer angesichts der Außenwelt auf allen Gebieten einigen würde. Übrigens wäre eine solche Frontstellung der europäischen Tradition gänzlich fremd. Im Namen welcher Sache würde Europa sprechen? Die Franzosen sind daran gewöhnt, die Evidenz des nationalen Interesses nicht in Zweifel zu ziehen und stellen diese Frage erst gar nicht. Die Deutschen sehen sich selbst und die Machtpolitik mit Mißtrauen und reagieren ganz anders: Eine Außenpolitik kann nicht lediglich Ausdruck des nationalen Interesses sein, auch nicht in den vergrößerten Dimensionen Europas; sie muß sich legitimieren, aber was ist Legitimität im Zeitalter der Vernetzung und eines Universalreichs? Europa hat sich durch sein Streben nach Universalität definiert und kann dieses Ziel nicht aufgeben, ohne sich selbst zu verraten.

Auch in dieser Hinsicht bezeichnet der Beginn des Zeitalters der Vernetzung das Ende der Politik. Man wird eine europäische Identität nicht mit ein paar »Kunstgriffen« aus der Epoche der Institutionen erschaffen. Es sind nicht etwa die Institutionen, aus denen das Gefühl der Zugehörigkeit erwächst, sondern erst das Gefühl der

Zugehörigkeit läßt uns die institutionellen Zwänge ertragen. Wenn schon die amerikanische Regierung die gegensätzlichen Interessen von Texanern, Kaliforniern und New Yorkern nicht mehr zu einer Synthese zusammenführen kann, darf man dann optimistischer sein, wenn es gilt, die Interessen der Schweden, Polen, Italiener, Franzosen und Portugiesen miteinander zu vereinbaren? Und wenn im Flickenteppich Europa ein Präsident in allgemeiner Wahl zu bestimmen wäre, würde dann nicht gerade durch die verschiedenartige Öffentlichkeit in den einzelnen Ländern die Gefahr drohen, daß das öffentliche Leben noch stärker in die Abhängigkeit der Medien gerät, womit man sich noch weiter vom Ideal der institutionellen Ursprünge entfernt?

In Wahrheit ist die Diskussion um Europa deswegen so verworren, weil sie als politische Debatte um die Souveränität ausgetragen wird, obwohl Europa im Zeitalter der Vernetzung keine politische Idee mehr ist; das hat sein Gutes, wenn Konflikte zwischen den Völkern überwunden werden sollen, und ist von Nachteil, wenn man von mündigen Bürgern freien Willens träumt.

Europa wird keine erstarrte institutionelle Struktur sein, die auf einem eindeutig begrenzten Territorium ruht, sondern Teil einer Gesamtheit konkurrierender Institutionen, die keiner klaren Architektur folgen und gelegentlich nicht einmal irgendeiner territorialen Logik gehorchen – das gilt etwa für die Finanzmärkte der großen Börsenplätze, die sich zunehmend durch ihre selbst gegebenen Regeln definieren und nicht durch den Ort, an dem sie sich befinden und der angesichts der heutzutage elektronisch getätigten Transaktionen ohne-

hin eine Abstraktion ist. Die institutionelle Konkurrenz
– Folge einer Streuung der Macht auf verschiedene Strukturen, die sich überschneiden, ohne sich zu überlagern,
die sich ergänzen, ohne den Wettbewerb ganz beseitigen
zu können – wird auf eine untergehende politische Ordnung die Mechanismen der Machtregelung ausdehnen,
die wir in den modernen Unternehmen am Werk sehen.
Die Vergrößerung durch Fusionen, die Verkäufe von
Unternehmensteilen, denen in der Politik der Eròbe-
rungskrieg, der Bürgerkrieg, die Landesteilung entspre-
chen würden, werden erst dann ihre Dramatik verlieren,
wenn sich die staatliche Souveränität endgültig in mehrere funktionsorientierte Strukturen aufgelöst hat. Mit
anderen Worten, Europa wird erst dann mit seinen internen Konflikten und Grenzproblemen umgehen können,
wenn es nicht mehr eine eindimensionale politische Idee
ist. Die meisten Deutschen scheinen genau das zu wünschen, wenn sie sich, wie eine Umfrage aus jüngster Zeit
zeigt, für ihr Land eine Zukunft unter ähnlichen Bedingungen wie in einer Art übergroßen Schweiz wünschen.

Die Franzosen dagegen, für die die Größe einer Nation
nur politischer Natur sein kann, erfüllt eine solche Vorstellung mit Schrecken – als ob das Ende des Politischen
den Untergang Europas bedeutete, als ob Europa nur als
politisches Gemeinwesen vorstellbar wäre, als ob das
Volk in der Unfertigkeit eines mehrdimensionalen und
unscharf begrenzten Raums nicht gedeihen könnte. Gerade das müssen die Franzosen lernen bzw. wieder lernen, um die starren Fesseln der nationalstaatlichen Epoche abzustreifen und sich auf vielseitigere Lösungsmo-

delle zu besinnen. Ist diese Lösung in den früheren Epochen europäischer Geschichte zu suchen? Das Hochmittelalter mit seinen zahllosen Fürsten, Herzögen und Bischöfen ist diesem Modell vielleicht näher gekommen. Zur nostalgischen Faszination, die das Politische auf Franzosen ausübt, gehört eine verblüffende Vorliebe, sich Werte nur als Ausdruck eines Staats denken zu können, als ob die Größe eines Montaigne, Voltaire oder Victor Hugo nicht in ihrer Universalität begründet wäre. Es ist eine Besonderheit der nationalstaatlichen Epoche, daß seit zwei Jahrhunderten allein in der Politik die Grundlage für Werte gesucht wurde.

Es geht also wohl eher um ein imperiales als um ein republikanisches Zeitalter; das ist so zu verstehen, daß sich nicht nur die Frage nach der Kontrolle der Macht in neuer Form stellt, sondern auch, daß die Weltordnung sich in ihrem Wesen verändert. Die Idee der Weltrepublik ist in der institutionellen Epoche aufgekommen; sie ergibt keinen Sinn, weil ein »politisches Gemeinwesen«, das universalen Charakter hätte, geradezu das Gegenteil der Politik wäre, wie wir sie definiert haben, seit das Wort existiert. Die Idee eines Universalreichs in dem Sinn, in dem das Römische Reich eine Art Universalität beinhaltete, beschreibt die Wirklichkeit einer vernetzten Welt besser.

Die Ausbildung »postnationaler« Strukturen in Europa führt nämlich nicht etwa zu einer Weltordnung mit drei »Polen«, die miteinander eine Art Direktorium bilden würden. Europa wird keine Macht im traditionellen Sinn sein, und keine »Macht« wird über alle Dimensionen der Macht verfügen. Weltweit gesehen müßte man eher von Netz-Verbunden sprechen, die ineinanderhängen wie die olympischen Ringe. Dagegen wird man einwenden, Europa sei zwar nicht wie die Vereinigten Staaten militärische Supermacht, werde aber wenigstens ein sichtbares Attribut traditioneller Wirtschaftsmacht aufweisen: die einheitliche Währung. Doch abgesehen davon, daß die Zentralbank im Interesse der eigenen Glaubwürdigkeit Distanz zu den traditionellen Formen politischer Macht wahren würde, spricht alles dafür, daß die Etappe einer »unabhängigen« europäischen Währung nicht lange dauern könnte. Durch die Größe des Markts, in dem sie Geltung hätte, ist sie in der Tat eine glaubwürdige Alternative zum Dollar und wird daher die Gefahr instabiler Märkte erhöhen, weil Spekulationsgelder abhängig von aktuellen Wirtschaftsnachrichten unvermittelt von einer in die andere Währung transferiert werden könnten. Die Notwendigkeit einer Koordination, wie sie zwischen dem Dollar und den übrigen Währungen bereits besteht, wäre dann unumgänglich. Und schon heute sieht man, daß die Stabilisierung der Wechselkurse eine gegenseitige Abstimmung der Geldpolitik erfordert, die auf Dauer nur im Rahmen einer Harmonisierung der verschiedenen Staatshaushalte möglich ist. Die europäische Währung führt notwendigerweise zu einem Weltwährungssystem, zur Umsetzung des europäischen Währungssystems auf die Ebene der OECD-Mitgliedsländer, und das Weltwährungssystem seinerseits mündet in eine Einheitswährung und einen »einheitlichen Wirtschaftsraum«, in dem sich die wohlhabendsten Staaten der Welt zusammenfinden; sie werden dadurch nicht homogen, sondern »interoperabel«, d. h. austauschbar, so wie Munition oder Antriebsverfahren in verschiedenen Systemen einsetzbar sind.

In dieser mehrdimensionalen Welt, in der keine Struktur alle Dimensionen der Souveränität in sich vereinigen kann, geht es um Öffnung nach außen, im Gegensatz zu dem geschlossenen System, das im Keim in jeder politischen Logik enthalten ist. Deswegen wird es auch besonders absurd, Probleme, die – wie beispielsweise Rauschgift, Umwelt oder Währungen – weltweite Dimensionen haben, innerhalb enger Bereiche lösen zu wollen: Die geographische Ausdehnung bedingt die Spezialisierung der Aufgabenbereiche, und alle Versuche einer Gesamtvereinnahmung durch die Politik, ob sie nun europäisch ist oder nicht, erweisen sich dann als Relikt einer vergangenen Zeit.

Die postnationale Epoche, deren Beginn wir erleben, kann auch in dem Maß als imperial bezeichnet werden, als ihre »Grenze« ebensowenig wie im Römischen Reich eine Linie darstellt, die einen Raum teilt und Menschen voneinander trennt: diejenigen, die Souveränität ausüben, und diejenigen, die es nicht tun. Es handelt sich vielmehr um ein ungewisses Randgebiet; die Souveränität stößt jenseits der Grenze nicht, wie im Zeitalter der Nationalstaaten, in ihrer ganzen Fülle auf die Fülle einer anderen Souveränität. Dieselbe Tendenz, die die Grenzen im Innern der Europäischen Union zunehmend relativiert, wird auch die Außengrenzen der Union verschwimmen lassen. Eine absolute Grenze wird es nicht mehr geben.

Wie der römische Bürger zur Zeit des Caracalla wird der Bürger im Zeitalter der Vernetzung immer weniger durch seine Teilhabe an der Ausübung der Souveränität definiert und immer stärker dadurch, daß er eine Tätigkeit innerhalb eines Rahmens entfalten kann, in dem alle Verfahren klaren und vorhersehbaren Regeln gehorchen. Diese Regeln sind in Tokio anders als in Washington oder Paris. Jeder Aufgabe, jedem Problem entspricht eine spezifische Geographie, wodurch es möglich wird, daß die Räume des Rechts verschieden groß, in der Regel jedoch untereinander kompatibel sind. Das Abgleiten des Rechts – einst Ausdruck der eindimensionalen Souveränität eines politischen Gemeinwesens – zur bloßen Verfahrensweise, mit der die Tätigkeiten der Menschen nach funktionalen Gesichtspunkten in Teilgebieten geregelt wird, untergräbt die Autonomie der Politik, der man die moralische und philosophische Grundlage entzieht. Die Frage nach der Legitimität wird allmählich ebenso unpassend wie das Nachdenken über die »Rechtmäßigkeit« oder »Unrechtmäßigkeit« eines Computerprogramms. Das sanfte Brummen der gesellschaftlichen Maschinerie genügt sich selbst.

Dieser Wandel wird die Regeln, die aus dem vorläufig noch als politisch bezeichneten Prozeß hervorgegangen sind, und solche, die das Ergebnis der konzertierten Aktion der Unternehmen darstellen, in den gleichen Rang erheben. Es wird unerheblich sein, ob Privatunternehmen oder Verwaltungsbeamte eine Norm durchsetzen. Die Norm wird nicht mehr Ausdruck der Souveränität sein, sondern einfach ein Faktor, der Ungewißheiten reduziert, ein Mittel zur Senkung der Geschäftskosten, indem die Transparenz verbessert wird.

Die Logik der Vernetzung stellt die Grenzen des

Rechtsraums fortwährend in Frage: Die Erleichterung von Transaktionen in einem vorgegebenen Raum darf nicht dazu führen, daß die Transaktionen komplizierter werden, wenn man diesen Raum verläßt. Man muß vermeiden, daß der bei internen Transaktionen erzielte Gewinn durch eventuelle Mehrkosten bei externen Transaktionen aufgezehrt wird. So führt diese Logik zur Universalnorm, zur immer effizienteren Verknüpfung der »Knotenpunkte« im Beziehungsnetz.

Früher beschlossen Parlamente, die souverän sein wollten, einen Zolltarif für grenzüberschreitende Waren. Heute ist das Wachstum bei »Dienstleistungen«, den immateriellen Produkten unserer Epoche der Vernetzung, eine Folge der Handelsbeziehungen. Eben weil Dienstleistungen ja nie materiell Grenzen überschreiten, ist die Entwicklung des Handelsverkehrs auf diesem Gebiet nicht mehr an Zollsenkungen gebunden, sondern an die Harmonisierung interner Regelungen, so daß eine Bank oder eine Versicherungsgesellschaft sich in einem Land ihrer Wahl niederlassen und dort die Verbindungen knüpfen können, durch die sie Reichtum erwirtschaften. An die Stelle eines souveränen Parlaments ist inzwischen die Verhandlung zwischen Regierungsbeamten getreten, die keinem Parlament verantwortlich sind, weil kein Parlament eine Einzelheit abändern könnte, ohne das Ganze zu Fall zu bringen. Von einer Weltrepublik sind wir wahrhaftig weit entfernt! Was zur Zeit entsteht, ist nicht ein universales politisches Gemeinwesen, sondern ein Gewebe ohne erkennbare Nähte, ein unendliches Aneinanderwachsen voneinander abhängender Elemente.

Das ist die Logik der vernetzten Welt, aber noch nicht ihre Wirklichkeit. Der Raum der Netzwerke ist nämlich weder neutral noch homogen. Es handelt sich um ein Kräftefeld mit Ungleichgewichten, auf dem die Absicht, Beziehungen zu mehren, ebenso schwer wiegt wie die Sorge, die Kontrolle über bereits geknüpfte Netze zu verlieren. Diese Spannung bestimmt die Dynamik unserer Gesellschaften: Die Welt wird zur gigantischen Informationsbörse, und je mehr Informationen vorhanden sind, desto mehr Ungleichgewichte entstehen. Wie in einem großen Wettersystem schafft der Wind, der an einer Stelle das Tief auffüllt, an anderer Stelle ein neues.

Unsere »politischen« Institutionen, die noch weitgehend im Geist institutioneller Logik handeln, sind nicht in der Lage, die Spannung zwischen der Öffnung zum Zweck der Eroberung und der dem eigenen Schutz dienenden Abschließung auszugleichen. Die Festlegung der Grenzen, die Konstituierung eines politischen Gemeinwesens werden noch als Voraussetzungen verstanden, als das stabile Fundament, auf dem anschließend die Gesellschaft aufbaut. Die Logik der Vernetzung wird diese Perspektive umkehren: Die Grenze ist kein Anfang mehr, sondern ein stets vorläufiges Ergebnis, das von Natur aus wandelbar ist, weil die Wandelbarkeit zur Bedingung für Wettbewerb und Dynamik wird. Kein rechtlicher Raum ist mehr endgültig fixiert.

Schon heute läßt sich dies am transnationalen Unternehmen, an diesem Symbol unserer neuen Welt, beobachten. Es ist weder in den Gewohnheiten eines Herkunftslandes gefangen noch ein heimatloses Abstraktum, sondern erzielt seine Erfolge durch die Qualität der im

Netzwerk geknüpften »Knotenpunkte«. Es strebt nicht mehr die Einsparungseffekte durch gigantische Größe an, sondern den perfekten Informationsfluß, durch den es zum hochempfindlichen Seismographen wird, dessen weltweit installierte Sensoren durch zahllose Erschütterungen pausenlos aktiviert werden: neue Produkte, neue Finanzierungsmethoden, neue Herstellungsverfahren.

Jede Niederlassung des Unternehmens muß in sein lokales Netz so eingebunden sein, daß sie die Informationen von »außen« uneingeschränkt aufnehmen kann, und so eng mit den übrigen Unternehmensteilen verknüpft sein, daß sie im Innern des Unternehmens ihrer Rolle als Informationsverteiler gerecht wird.

Dabei sind Transparenz, Informationsfluß und eindeutige Aufgabenbeschreibung die Voraussetzung für das reibungslose Funktionieren in einer komplexen Struktur; sie fördern außerdem das Entstehen einer Unternehmensidentität, mit Hilfe derer die Beschäftigten für ein gemeinsames Ziel mobilisiert werden können. Im Sinn einer wünschenswerten Dynamik dagegen können diese Vorteile zur Gefahr werden: Wird die Identität überbetont, erstickt man vielleicht neue Ideen; wird die Aufgabenverteilung allzu streng umrissen, provoziert man Passivität oder sogar mangelndes Verantwortungsgefühl, falls man die Eigeninitiative des einzelnen Angestellten ausschließlich auf das enge, ihm zugewiesene Aufgabenfeld reduziert. Das Unternehmen braucht ein gewisses Maß an destabilisierender Unschärfe, um nicht an Dynamik einzubüßen. Im täglichen Geschäftsablauf dürfen sich die verschiedenen Akteure, die in einem ständig anwachsenden Strom von Informationen mitschwimmen, nie ganz sicher sein, welcher Platz ihnen zukommt, welche Rolle ihnen zusteht. Der Informationsfluß darf nicht dazu führen, daß die Rollen von Informanten und Informierten institutionell festgeschrieben werden. Die Information bleibt also Grundlage der Macht, doch ihr Wesen hat sich gewandelt: sie kann nicht als Schatz gehortet werden, ihr Wert besteht allein im Tausch. Information dient zuallererst dazu, noch mehr Informationen zu erwerben.

Die gleichen Alternativen zwischen Transparenz und Geheimhaltung, zwischen veränderlichen Beziehungen und institutioneller Stabilität lassen sich im Verhältnis des Unternehmens zu seiner Umwelt beobachten.

Das Unternehmen bemüht sich zwar, seine Informationen für sich zu behalten, um den Konkurrenten auszustechen, wird aber zur Erhaltung der Wettbewerbsfähigkeit ein Maximum an Informationen sammeln wollen und daher besorgt sein, möglichst viele »Beziehungen«, »Netzverbindungen« zu knüpfen, für die es jeweils selbst ein Stück »preisgeben« muß. So ist es ständig gezwungen, sich für schützende Geheimhaltung oder informative Öffnung, für Defensive oder Offensive im Kampf um das Wissen zu entscheiden.

Sobald eine Grenze – für Unternehmen oder Staat – nicht mehr vorgegeben ist, erfährt die Funktion der Führung, und damit das Wesen der Macht, eine Umwertung.

Wer an der Spitze steht, ist nicht so sehr Chef, sondern »Vermittler«, der die Struktur der Beziehungen zwischen den verschiedenen Unternehmensteilen unaufhörlich justiert. Ein internationales Großunternehmen leiten heißt, die dynamische Spannung regeln zwischen der Funktion des Sensors, der auf fremde Netzwerke gerichtet ist, und der Funktion des »Verteilers«, der auf das interne Netz des Unternehmens zielt.

Diese Aufgabe kann nur bei starker Dezentralisierung effizient wahrgenommen werden, denn das Funktionieren des Unternehmens an seinen »Außengrenzen«, die Beschreibung seiner Beziehungen zu Zulieferern und Abnehmern, erfordern eine Vielzahl von kleinen Entscheidungen – z. B. die Festlegung der Informatik-Schnittstellen –, die nicht in die Zuständigkeit der Gesamt-Unternehmensleitung fallen können. Und wenn der Gegensatz zwischen der von der Leitung definierten globalen Strategie und der »netzorientierten« Verwaltung an den Außengrenzen des Unternehmens zu groß wird, löst sich das Problem entweder durch eine neue Strategie oder durch eine Krise, in der sich die Konturen des Unternehmens abrupt verändern, indem beispielsweise eine Gruppe leitender Angestellter beschließt, eine Beziehung zu Kunden (oder Zulieferern) selbständig und im Widerspruch zur globalen Unternehmensstrategie fortzusetzen. Auf diese Weise kommt es zu einem ständigen Wettbewerb zwischen den strategischen und organisatorischen Vorstellungen der Unternehmensführung und den tatsächlichen Strukturen, dem Kreislauf, der sich an der Peripherie des Unternehmens entwickelt, und zwar aufgrund der dort wirkenden Impulse aus dem Netz der Außenbeziehungen.

Die Reaktion auf diese neuartige Situation verändert die interne Unternehmensstruktur: Die hierarchische Pyramide löst sich allmählich auf.

An die Stelle des naturalistischen Modells der großen, vereinfachenden Strukturbäume tritt dann das mehrdimensionale Modell der Datenbanken mit sogenannten relationalen Daten. Die hierarchische Pyramide, in der Macht Kontrolle und Befehlsgewalt bedeutete, wird abgelöst durch eine Struktur vielfach verteilter und verknüpfter Macht: Mächtig sein heißt dann, Kontaktstellen zu haben, im Netz verbunden zu sein, so daß Macht durch Einfluß, nicht durch Herrschaft definiert ist. Diese neuartige Struktur wird durch Kommunikationstechniken möglich, die eine wesentlich flexiblere Informationsverarbeitung erlauben.

Die Zahl der hierarchischen Ebenen geht zurück, und die Hierarchie der Bezahlung löst sich von derjenigen der Funktionen. Der Generaldirektor einer Gesellschaft wird nicht selten schlechter bezahlt als ein bestimmter Mitarbeiter. Das ist keineswegs eine durch den Arbeitsmarkt bewirkte Verzerrung. Vielmehr erkennt man damit den Wert der Mitarbeiter an, die durch ihre Kontakte im Netzwerk der Beziehungen den Reichtum des Unternehmens erarbeiten.

Das Symbol dieses Zeitalters der Vernetzung, an dessen Schwelle wir heute stehen, sind die Unternehmensberater, die Börsenmakler, Rechtsanwälte, Finanzberater, »Kopfjäger«, die alle berufsmäßig vor allem Beziehungen knüpfen und immer häufiger außerhalb des Großunternehmens – einer Spätform der institutionellen Welt – ihre Tätigkeit ausüben. Sie vermeiden nicht nur die institutionelle Bürokratisierung, die zur Lähmung der Großunternehmen führt, sondern ermöglichen auch den Verzicht auf die große Organisation, indem sie kleineren Einheiten ein technisches Wissen und eine Spezialisierung zur Verfügung stellen, das diese nicht eigenständig erwerben könnten. Das ist die letzte Entwicklungsstufe eines »institutionellen Wettbewerbs«, der dem Unternehmen eine maximale Flexibilität erlaubt: Das Profil seiner Aktivitäten unterliegt nicht nur durch An- und Verkäufe dauernden Korrekturen, sondern man kann nun bestimmte Aufgabenfelder, die einst dem Strategiebereich zugewiesen wurden, in Form einer Dienstleistung durch Instanzen wahrnehmen lassen, deren Sachwissen von außerhalb des Unternehmens kommt. Im Extremfall braucht man in der Führungsspitze nur noch einige wenige Personen, die imstande sind, außenstehende Profis, deren Dienste man vorübergehend in Anspruch nimmt, zunächst auszuwählen und ihre Arbeit anschließend zu überwachen. Macht ist nicht – wie bislang – Wissen, sondern die Vermittlerrolle zwischen verschiedenen Wissensträgern.

Die Dynamik eines solchen Systems wird das Großunternehmen dazu zwingen, tiefgreifende Veränderungen hinzunehmen. Die Vorteile der Massenfertigung im Industriezeitalter zählen weniger als die Fähigkeit, neue Formen zum Aufbau von Beziehungen zu erfinden, die Kunden und Lieferanten zu Partnern machen statt zu Fremden oder Konkurrenten. Auf dem Weg der Fortpflanzung durch Teilung werden mittlere Unternehmen entstehen, denn in einer Wirtschaft, wo der Wert eher aus der Transaktion als aus der Produktion erwächst, ist die Entstehung oder Auflösung von Unternehmensgruppen von ihrer Fähigkeit abhängig, die Kosten zu senken, wobei unentwegt abzuwägen ist zwischen der Notwendigkeit, die Schnittstellen im Netz zu vereinheitlichen, und der Notwendigkeit einer Differenzierung. Sobald sich nämlich die Netzstruktur gegenüber dem Pyramidenbau der institutionellen Epoche durchgesetzt hat, sobald es kein »Zentrum« mehr gibt, bricht einer der wesentlichen Stützpfeiler der großen Organisation zusammen: Es geht nicht mehr darum, von der Spitze aus eine gemeinsame Richtung vorzugeben, sondern auf subtilere Weise Identitäten zu verwalten und ihre Vereinbarkeit mit anderen Identitäten zu gewährleisten. Die Logik der Netzwerke, die eine Vervielfachung und damit die Dezentralisierung der Verbindungslinien beinhaltet, legt den Schluß nahe, daß die dafür optimale Verwaltungsgröße wesentlich kleiner ist als die der Großunternehmen des Industriezeitalters.

In dem Bereich, der noch als politisch bezeichnet wird, hat eine solche Feststellung entscheidende Konsequenzen. Es ist nicht mehr angebracht, immer größere Macht in immer größeren politischen Einheiten zu konzentrieren; es geht vielmehr darum, Kompatibilität herzustellen, den Weg für eine Zusammenführung zu ebnen, indem man Verfahren zum Erstellen der Regeln erarbeitet, statt souveräne Macht zu schaffen. Was dies für Europa bedeutet, ist bereits gezeigt worden. Für Rußland, diesen riesigen unbestimmten Raum, wird es sich erst noch zeigen müssen. Kann dieses Land aus einem vornationalen Imperium, das zentral und gewaltsam ins Leben gerufen wurde, übergangslos den Schritt zum postnationalen Imperium tun, das nicht mehr künstlich um ein Zentrum herum errichtet wird, sondern ein Netzwerk von Übereinkünften darstellt, durch die man die Kompatibilität nach außen offener Einheiten regelt? Das

Chaos in der ehemaligen Sowjetunion und die extreme Gewalt, zu der es führen kann, zeigen die Grenzen der institutionellen Logik deutlich auf. Jeder Versuch, die Bereiche souveräner Macht geographisch zu bestimmen, deren Grenzen um so präziser festgelegt werden müßten, je absoluter diese wären, muß in Gewalt enden, und es ist nicht wahrscheinlich, daß eine föderale Pyramide ineinandergreifender Machtbefugnisse eine dauerhafte institutionelle Lösung bietet. Wahrscheinlicher ist eine Koexistenz neuer Feudalmächte, die im riesigen und heterogenen ehemaligen sowjetischen Raum für die russische Welt vielleicht den ersten Schritt auf dem Weg ins Zeitalter der Vernetzung darstellen. Dafür müßte sich das russische Volk die Entwicklungsstufe des Nationalstaats und der damit einhergehenden Gewalt ersparen und wie Japan direkt aus der Feudalzeit in die postpolitische Moderne eintreten.

Das beginnende imperiale Zeitalter wird also nur scheinbar die Epoche der großen Organisationen sein. Diese werden ihre Erfahrungen mit der Komplexität und mit vielfachen Identitäten machen, sie werden einsehen, daß ihre Grenzen eher den ungewissen Grenzgebieten des römischen Limes ähneln als den präzisen Grenzlinien des nationalen Zeitalters und den Weg für eine Welt bereiten, die sich vor allem dadurch auszeichnet, daß sie ständig im Fluß ist, und deren Stabilität nicht mehr auf Institutionen beruht, sondern auf einer Form diffusen Wandels, einer sozusagen »kapillaren« Streuung kleinster Entscheidungen, durch die der plötzliche Bruch ebenso ausgeschlossen wird wie starre Unbeweglichkeit. Diese Welt wird um so stabiler sein, je nachgiebiger sie reagiert. Man wird sie sich eher in biologischen als in physikalischen Kategorien vorstellen müssen: Was zählt ist die Regel, nicht das Prinzip.

Unsichtbare Fesseln

Was bedeutet Freiheit in einer Welt der Regeln? Wie begrenzt man die Macht in einer Welt ohne Prinzipien?

Seit zwei Jahrhunderten verbinden wir die Idee der Demokratie mit der Idee der Freiheit. Freiheit hat jedoch zwei ganz verschiedene Bedeutungen. Sie war das Recht eines Kollektivs von Menschen, ihr Schicksal selbst in die Hand zu nehmen und sich eine Regierung zu geben, die ihrem kollektiven Willen Ausdruck verleihen sollte. Freiheit ist aber ebenso das Recht des einzelnen, sich gegen Machtmißbrauch zu schützen, eine Garantie, daß die Minderheit nicht von der Mehrheit unterdrückt wird.

Mit dem Beginn des imperialen Zeitalters wird klar, daß Freiheit in der ersten Bedeutung des Worts dem Untergang geweiht ist und daß wir nun bestenfalls eine Begrenzung der Macht erwarten können. Der vor mehreren Jahrhunderten begonnene Prozeß der Machtkonzentration ist beendet und mit ihm das Bemühen, die Ausübung dieser Macht durch ein institutionelles Gleichgewicht zu kontrollieren. Die Idee des Souveräns hat ihre Anziehungskraft verloren und mit ihr auch die eines souveränen politischen Gemeinwesens. Vielleicht sollte man das in gewisser Weise begrüßen, weil die Freiheit im Sinne der Ausübung des allgemeinen Willens von jeher eine Bedrohung der Freiheit im Sinne des Minderheitenrechts gewesen ist. Die tatsächlichen Machthaber haben die Macht um so eher mißbraucht, als sie den Anspruch erhoben, sie im Namen des ganzen Volks auszuüben. Vom »Rechtsstaat«, der nun – im imperialen Zeitalter – sein Erbe als designierter Nachfolger der Demokratie nicht antreten kann, könnten wir die Freiheit sehr viel zuversichtlicher erwarten als von einer demokratischen Epoche, in der beispiellose Machtkonzentrationen durch das allgemeine Wahlrecht eine zweifelhafte Legitimation erfahren haben. Dennoch ist es einigermaßen weltfremd, sich vorzustellen, die Freiheit im Zeitalter der Vernetzung, des Konformismus und der Korruption werde von gleicher Art sein wie die Freiheit, die einen Galilei oder Montesquieu inspirierte. Freiheit ist ein Begriff des institutionellen Zeitalters: Wird er im imperialen Zeitalter noch einen Sinn haben?

Wir haben bereits gezeigt, wie die klassische Vorstellung von der parlamentarischen Demokratie nach und nach durch den Untergang der Politik als Ort der allgemeinen Ideen und großen Entscheidungen zerstört wurde. Die Krise der institutionellen Kontrollmechanismen bedeutet allerdings nicht, daß es keine Kontrolle mehr gibt, doch erhält Freiheit durch die Formen der Kontrolle im imperialen Zeitalter einen neuen Sinn.

In einer Epoche zahlloser Kleinst-Entscheidungen und

der Konfrontation individueller Interessen vermittelt nämlich nur noch die von Menschen getroffene Wahl die Illusion der Freiheit, und das heißt auch die Illusion einer Kontrollmöglichkeit. Die Person hat künftig mehr Gewicht als das Prinzip. Das läßt sich in den USA beobachten, wo die Momente, in denen ein politisch Verantwortlicher in einer halb parlamentarischen, halb gerichtlichen Prozedur ausgeforscht wird, Höhepunkte des »politischen« Lebens darstellen. Was soll man aber von einer solchen Kontrolle halten!

Die Diskussion über Sachfragen verwandelt sich in eine Diskussion über die persönliche Integrität eines Menschen und seine Achtung vor den institutionellen Normen – das endgültige Kriterium in einer Welt, in der das politische Geschäft nur noch die Aufrechterhaltung der Spielregeln zum Gegenstand hat, die man als einzige Norm für das Funktionieren einer Gesellschaft ohne Ziel akzeptiert. Man will nicht, daß über eine bestimmte Politik Rechenschaft abgelegt wird, man vergewissert sich statt dessen, daß Verfahren respektiert werden, die angeblich die Kontrolle der Exekutive durch die Legislative ermöglichen. Dabei ist allgemein bekannt, daß diese Kontrolle kaum mehr einen Sinn hat. An ihre Stelle ist praktisch eine formale Kontrolle der Übereinstimmung getreten, eine Art Gesellschaftsspiel, in dem wie beim mittelalterlichen Gottesurteil die Akteure des öffentlichen Lebens sich der öffentlichen Meinung stellen müssen, statt wie früher vor ein kirchliches Gericht zu treten. Die durch die Fernsehübertragung einer öffentlichen Anhörung ausgelöste Hochstimmung erzeugt jene kollektive Wahrnehmung, derer die Gesellschaft bedarf, um sich noch als Gesellschaft denken zu können. Der Richter am Obersten Verfassungsgericht der USA soll nicht mehr Rechtsvorstellungen verkörpern, sondern wie eine »Vignette« auf der Titelseite eines Buchs Sinnbild der Gesellschaft sein, so wie sie sich selbst sehen möchte. Man diskutiert nicht über Grundsätze des Rechts und der Ethik – im Gegenteil, der ins Gebet genommene Kandidat für das Oberste Gericht bemüht sich zu beweisen, daß er zu gar nichts eine Meinung hat.

Diese Inszenierung der Transparenz produziert zwar viel Theaterdonner, stellt aber ein Hindernis für den Ausbau der Macht dar, und niemand wird bestreiten, daß man der Willkür durch die Vielzahl solcher Prozeduren und Regeln wirksame Fesseln anlegen kann. Doch zeigt sich auch, daß die Vermehrung der Regeln ausgerechnet dann, wenn die Prinzipien abhanden kommen, nicht nur die Sorge um den Schutz von »Freiheit« zum Ausdruck bringt, sondern auch das Verlangen nach einem sozialen Ritual. Die Rechtsanwälte als die selbsternannten »Makler der Freiheit« sind vor allem Priester eines neuen Rituals. Sie verwalten und bestätigen Konformität eher, als daß sie Macht beschränkten.

In der Tat wandelt sich die Rolle des Anwalts, je tiefer wir in die imperiale Epoche vordringen: Vom Sachwalter in Konflikten wird er zum Ingenieur der Beziehungen, und diese Wandlung verändert von Grund auf die mögliche Vorstellung von Freiheit.

Das institutionelle Zeitalter hatte die Wahlmöglichkeiten vervielfacht und damit die Gelegenheiten, die Freiheit praktisch zu erproben: die Wahl der Politik, aber auch die Wahl zwischen öffentlichem und privatem Leben. Im imperialen Zeitalter fürchtet man die Wahlmöglichkeiten, und wenn man Macht einschränkt, dann nicht durch das Austragen von Konflikten, sondern indem man die Entscheidungen in kleine Teile zerlegt.

So ist diese Epoche sehr viel besser dafür gerüstet, Konflikte zu verhindern, als sie zu lösen. Der Konflikt wird zum Ausnahmefall der Gesellschaft. In einer gründlich »vernetzten« Gesellschaft mit transparenten Regeln setzt der Konflikt eine unbegreifliche Abweichung in der Wahrnehmung voraus: Wenn es Schwache und Mächtige gibt, wie kann der Schwache es wagen, den Kampf aufzunehmen, obwohl doch seine Niederlage durch die Gesellschaftsordnung schon feststeht? Entweder müßte die Hierarchie der Gesellschaft entscheidend gestört sein, oder aber ihre Homogenität wäre verlorengegangen – innerhalb verschiedener Gesellschaftsteile würde man also nicht mehr auf gleiche Weise urteilen. In einer funktionierenden Gesellschaft hat der Konflikt keine Zeit zu entstehen, er löst sich in unzählige kleinste Entscheidungen und kleinste Anpassungsmaßnahmen auf, in denen die Schwachen die Stärke der Starken testen und die Starken die Schwachen ihre Stärke spüren lassen, so daß am Ende dieses Vorgangs jeder seinen Platz gefunden hat. Damit sind wir ebensoweit entfernt vom institutionellen Zeitalter der Macht, als der Konflikt institutionalisiert war, wie vom patrimonialen Zeitalter, als der Triumph des Starken mit der Einverleibung des Schwachen endete. Im imperialen Zeitalter sind die Starken in dem Moment stark genug, in dem die Schwachen ihren Stellenwert akzeptieren. Eine bestimmte soziale Geographie ergibt sich von selbst.

Diese friedliche Ruhe signalisiert nicht den Sieg der Vernunft. Sie überdeckt den gedämpften Widerhall des Kampfgetümmels unzähliger kleinster Schlachten, in denen der große Krieg schon im Vorfeld durch Abnutzung vermieden wird. Japan ist in diesem Bereich sehr viel »moderner« als das streitfreudige Amerika.

Die Entscheidungsfindung dauert sehr viel länger als in Amerika, die Umsetzung in die Praxis geht sehr viel schneller. Die Unterschiede sind die Folge entgegengesetzter Entscheidungsmethoden. In japanischen Unternehmen hält man in der Zeit vor einer Entscheidung viele Sitzungen ab und läßt möglichst alle Meinungen zu Wort kommen. Diese werden um so offener geäußert, als sie zu keinem Zeitpunkt die strenge Hierarchie des Unternehmens in Frage stellen: Es gibt sehr viel weniger Rangstufen als in europäischen Unternehmen, und die Beförderung beruht zu einem guten Teil auf der Dauer der Betriebszugehörigkeit. Anders als in Europa oder Amerika, wo es bei einer solchen Zusammenkunft auch um Personen geht – wer seine Meinung in einer Sache durchsetzt, hat damit meist auch seine Karriere gefördert –, bleiben die beiden Bereiche in Japan vollkommen getrennt. Gerade weil die Hierarchie in Japan so starr ist, kann ohne Rücksichten diskutiert werden. Mit der Vielzahl der Treffen strebt man keineswegs eine hypothetische Einigung an – das ist eine Legende, die über die gnadenlos hierarchischen Beziehungen in Japan hinwegtäuscht. Getroffen wird die Entscheidung vom Ranghöchsten des Unternehmens, vielleicht sogar im Widerspruch zu den in der Diskussion vertretenen Standpunkten, aber erst am Ende der Debatten, in denen die verschiedenen Meinungen im Reibungsprozeß der Auseinandersetzung sich sozusagen abgeschliffen haben. Wie eine Flipperkugel, die zwischen verschiedenen Hindernissen hin und her springt und Punkte sammelt, hat die Entscheidung durch die ausgetauschten Informationen hinzugewonnen. Es bleibt zwar dem Unternehmenschef vorbehalten, die Schlüsse aus der Diskussion zu ziehen, doch bestätigt er durch sein Eingreifen letztlich nur einen Prozeß der Machtverteilung.

Mit der endgültigen Entscheidung wird eine lange Folge von Kleinstentscheidungen abgeschlossen, und alle, die mit ihren Beiträgen die Diskussion bereichern durften, tragen von diesem Augenblick an eine Mitverantwortung, die verpflichtet. Sie haben im Verlauf der Debatten – möglicherweise ohne viel Rücksicht zu nehmen – abweichende Standpunkte vertreten und die von ihnen erzielte Wirkung beobachten können; jetzt sind sie in der Lage, ihre Haltung ihrem Platz in der Rangordnung entsprechend anzupassen. Auf diese Weise hat ein Prozeß der Selbstbeschränkung begonnen. Die gemeinsamen Beratungen, die für die japanische Gesellschaft charakteristisch sind, haben also eine doppelte Funktion: Wer eine Entscheidung in die Praxis umsetzen muß, wird auch an ihr beteiligt; außerdem können die Entscheidungsträger in einer Art gesellschaftlichen Rollenspiels und mittels wechselseitiger Selbstbeschränkung die Grenzen ihrer Macht ausloten. Ihre Macht wird dabei nicht durch irgendeine Verpflichtung begrenzt, die Meinung der Untergebenen zu berücksichtigen, sondern – in subtilerer Form – durch die Sorge, ihre Macht nicht durch Mißbrauch zu schwächen.

Japan ist in dieser Hinsicht genau das Gegenteil der USA: Wo die amerikanische Logik von jedem verlangt, in einer durch den Gesellschaftsvertrag geregelten Auseinandersetzung bis an die Grenze seiner Möglichkeiten zu gehen, legt die japanische Logik Vorsicht und Mäßigung nahe. Wenn es kein Gesetz gibt, nach dessen Regeln sich die Konflikte beilegen lassen, keine transzendente Wahrheit, keine Begrenzung der Macht durch Macht, dann muß diese sich selbst beschränken, damit die Gesellschaft nicht gewaltsam zerbrochen wird. Die »Tyrannei der kleinen Entscheidungen« – um die Formulierung von Jean Padioleau zu zitieren, der eine scharfsinnige Analyse von Betriebsorganisationen vorgenommen hat – ersetzt die Willkür strategischer Schein-Entscheidungen.

In einem solchen Prozeß gibt es weder ein Zentrum noch eine oberste Gewalt, nur eine Vielzahl von Gruppen, die ihre Macht vergrößern wollen, ohne so weit zu gehen, daß sie der Macht benachbarter Gruppen Schaden zufügen. In einem komplizierten Zusammenspiel von Selbstbeschränkung und Interdependenz versucht jeder zu verhindern, daß ein Mitspieler eine beherrschende Position besetzt. Mit seinen Unternehmensgruppen, den *gurupu*, als Nachfolger der stärker integrierten *zaibatsu* der Vorkriegszeit, veranschaulicht der japanische Kapitalismus jene Mischung aus gnadenloser Konkurrenz und erzwungenem Kompromiß, die das Wirtschaftsleben dieses Landes charakterisiert. 60 bis 70 Prozent der Aktien japanischer Gesellschaften sind über wechselseitige Beteiligungen so gestreut, daß die Unternehmensgruppen gegen alle feindseligen Maßnahmen gefeit sind, Kompromisse erzwungen werden können und die Stabilität damit gewährleistet ist. Ein optimaler Zustand ist dann erreicht, wenn alle Elemente der Gesellschaft in ein Miteinander wechselseitiger Abhängigkeit integriert worden sind. Dann gibt es keine Untergebenen mehr, sondern eine extreme Streuung der Macht, die sich eher durch Teilung vervielfältigt als in Bruchstücke aufgelöst hat.

Diese Machtdiffusion hat die Konflikte entschärft. Wie ein Granitblock, der zu Sand zerfällt, erodieren im imperialen Zeitalter die Gegensätze zu Tausenden staubfeiner Partikel. Die Gesellschaft gewinnt dadurch an Stabilität, die Auseinandersetzung dagegen verliert ihre scharfen Konturen. Eine solche Begrenzung der Macht ist kein Sieg für die Freiheit. Die Selbstbeschränkung der Macht wird nicht durch das System bewirkt, denn das System kennt nur Regeln und niemals Prinzipien. Wenn der Prozeß der Machtverdünnung durch unglückliche Umstände einmal nicht stattgefunden hat, kann es leicht dazu kommen, daß die Konfrontation nicht mehr beherrschbar ist: Der verfahrenstechnische Formalismus, der unsere Gesellschaft immer stärker charakterisiert, wird nur für Entscheidungen von begrenzter Tragweite akzeptiert. Sobald sich die Macht nämlich nicht kraft eines über sie hinausweisenden Prinzips selbst beschränkt, sondern in Anlehnung an eine Gesamtheit von Verhaltensweisen, deren Erinnerung sie bewahrt und die sie weiterzugeben hat, weil sie bis dahin funktioniert haben und nach ihr funktionieren werden – wenn das also der Fall ist, gerät der Mechanismus der Selbstbeschränkung in Gefahr. Es zeigt sich, wie brüchig der Regelformalismus ist, sobald ein grundlegendes Problem zu lösen, eine prinzipielle Frage zu beantworten ist. Das dünne Netz von Verfahrensweisen, das der imperialen Welt Festigkeit gibt, hält Spannungen nur dann aus, wenn die Macht so stark gestreut ist wie eben möglich. Wenn eine starke Kraft auf einen beliebigen Punkt des empfindlichen Gewebes einwirkt, reißt es sofort. So bleibt unsere Freiheit in einem Fall hinter dem Schleier zahlloser kleinster Entscheidungen weitgehend verborgen und wirkt recht unbedeutend; und dann wieder stünde eine große Entscheidung an, die aber nicht getroffen werden kann, weil kein politischer Rahmen existiert, der robust genug wäre, um die Konfliktlösung zu erlauben.

Es überrascht kaum, daß eine Freiheit, die nur im winzigen Rahmen Ausdruck findet, zur Diskreditierung der Politik beiträgt, ihre Selbständigkeit eingebüßt und damit die Fähigkeit verloren hat, echte Entscheidungen zu treffen. Im imperialen Zeitalter gehört die Forderung, eine Gesellschaft müsse aus freien Menschen bestehen, nicht zu den obersten Prioritäten. Dabei ist es nicht so, daß man – wie in den Diktaturen der institutionellen Epoche – alles daransetzt, die Freiheit zu knebeln; sie wird bloß nicht mehr als Hauptziel betrachtet. Ist das aber für die Menschen in diesem Zeitalter überhaupt noch von Bedeutung? Sie sind in tiefen Schlaf versunken, und ihre Lage erinnert an Gulliver in Liliput: gefangen nicht in schweren Ketten, sondern in tausend feinsten, fast unsichtbaren Fäden, so daß nur noch die ganz wenigen Menschen, die sich einer anderen Zeit erinnern, ihre Fesselung spüren.

Die meisten unter uns – und das ist die große Überraschung – fühlen sich in diesem Zeitalter wohl. Wir haben das Gefühl, noch nie so »frei« gewesen zu sein, und bedauern unsere Vorfahren, die alle möglichen Einschränkungen hinnehmen mußten, die uns nicht mehr betreffen. Ob es sich um die Filme handelt, die wir ansehen, die Kleidung, die wir tragen, oder, noch wichtiger, die Gefühle, die wir empfinden, es gibt kaum noch etwas Verbotenes. Warum hinterläßt dann aber diese Freiheit einen bitteren Nachgeschmack? Was geht uns ab?

Der notwendige Konformismus

Im Zeitalter der Institutionen und der Politik, dessen Ende wir gerade erleben, akzeptiert man Unterschiede, aber man bettet sie in einen Rahmen und in Regeln ein. Zwischen denen, die entscheiden, und denen, die gehorchen, denen, die Gesetze machen, und denen, die Recht sprechen, wird ein Unterschied gemacht und eine Trennung vollzogen. Man organisiert den Konflikt, um ihn zu überwinden. Im imperialen Zeitalter gilt der Konflikt als nicht hinnehmbares Mißverständnis. Man will die Gleichartigkeit. Gegenüber der hierarchischen Struktur betont man die Vorzüge der Teamarbeit. Den verschiedenen Machtpolen wird ein stets verbesserter Informationsfluß vorgezogen, der den Konflikt auflösen soll, indem zahllose Minimaljustierungen stattfinden.

Im politischen Zeitalter wird implizit ein mechanistisches Verhaltensmodell reproduziert, das einem linearen Machtverständnis entspricht: Die große Wirkung braucht eine große Ursache, die große Politik setzt große

Macht voraus. Im Zeitalter der Netzwerke wird nichts dergleichen angestrebt. In einem Jahrhundert, in dem man zwei Weltkriege erlebt und die Katastrophenforschung erfunden hat, weiß man, daß zwischen Macht und der Regierungsgewalt keine lineare Abhängigkeit besteht, daß kleine Ursachen große Wirkungen zeitigen können.

Wenn man der »exakten« Wissenschaft ein Modell entlehnen wollte, müßte man sich eher der Meteorologie zuwenden: In ihrer Welt ist alles völlig rational und dennoch nicht vorhersehbar; die winzige Veränderung einer Variablen kann den Wettersturz auslösen, so daß sie sich allen Fortschritten der Wetterbeobachtung zum Trotz dem Beobachter versperrt. In dieser Bedeutung ist es sinnlos geworden, das politische System kontrollieren und den politisch Verantwortlichen mit einer Art Uhrmacher der Gesellschaft vergleichen zu wollen, der im Zentrum des Räderwerks sitzt und durch den kontrollierten Ausgleich der Gewichte – der im 18. Jahrhundert im Uhrmacherhandwerk erfundenen »Hemmung« – den gesamten Mechanismus regelt. Man kann den Bereich der Politik ebensowenig beherrschen wie das Klima. Das Problem, wie die Gesellschaft zu organisieren ist, muß also mit sehr viel größerer Vorsicht und Bescheidenheit, gewissermaßen von ihren Rändern her, in Angriff genommen werden, weil es kein institutionelles Zentrum gibt.

Wenn man den Vergleich aus der Meteorologie weiterführt, könnte man sagen, daß ein Sturmtief gerade aus der Instabilität beim Zusammenprall zweier unterschiedlicher Luftmassen entsteht. So verhält es sich auch im

Bereich der Gesellschaft, wo es zunächst darum geht, die Unterschiede zu beherrschen, wo man winzige, unsichtbare Anpassungen vornehmen muß, um den großen Anpassungsschock zu vermeiden. Das Ideal dieser Welt ist nicht der institutionalisierte Konflikt, sondern die durch nichts gestörte Windstille im »Hoch«, die stabile Wetterlage, in der die Gleichartigkeit das Normale und der Unterschied die Ausnahme ist.

Bis vor kurzem ist Japan diesem Ideal wohl am nächsten gekommen. Es handelt sich um den am besten geglückten Versuch, eine Vorstellung zu verwirklichen, in der sich die Macht netzartig verteilt. Die dabei zu beobachtende Informationsvermittlung ist um so wirkungsvoller, als sie in einem homogenen Ganzen stattfindet: Die Information wird nicht verzerrt durch eine gefährliche Differenzierung der Gesellschaftselemente, die sie »passiert« und deren Aufgabe es ist, ihr Geleitschutz zu geben. Individuelle »Gesichtspunkte« gibt es nicht und darf es nicht geben, nur eine Vielzahl von Anpassungen, die gleichzeitig auch Informationen sind; in ihrer Gesamtheit bilden sie den immer abstrakteren Begriff dessen, was man noch als die Macht bezeichnet, die jedoch nicht mehr einem bestimmten Individuum zugeordnet ist. In dieser Welt ist der Machthaber nicht mehr der Fürst, der der Gesellschaft seinen Willen aufzwingen kann, sondern es ist die Gesellschaft selbst. Und ihre Macht besteht nicht in der Aneignung der fürstlichen Gewalt durch das Kollektiv – das war eine Illusion des institutionellen Zeitalters –, sondern in ihrer Fähigkeit, als soziales und nicht als politisches Gemeinwesen zu existieren; die Information soll sich in alle Richtungen ausbreiten und dabei wie eine große kybernetische Maschine existieren.

Damit die Maschine gut funktioniert, braucht man keine aufgeklärten Könige oder Bürger, sondern »Gleichartige«, austauschbare Elemente, die sich in unzähligen Kombinationen wirkungsvoll zusammenkoppeln lassen. Die Vielfalt möglicher Beziehungen verdammt zur Gleichartigkeit, zur Standardisierung der Akteure im sozialen Miteinander. Sie müssen wie Lego-Steine die unterschiedlichsten Kombinationen erlauben. Man könnte die Gesellschaft – um ein anderes Bild zu gebrauchen – mit einem riesigen Gehirn vergleichen, in dem die Verbindungen zwischen den Neuronen durch Milliarden von elektrischen Impulsen hergestellt werden, die gerade deswegen so gut fließen, weil die Neuronen sich in einer vollkommen homogenen Umgebung befinden. In einer Gesellschaft, in der die Macht durch Kontakte definiert wird, ist die »Leitfähigkeit« lebenswichtig geworden.

Die christliche Überlieferung hatte uns gelehrt, daß jeder Mensch eine innere Quelle hat, die ihn als Person konstituiert und ihm das Recht gibt, die Welt zu beurteilen, daß jeder Mensch ein Bewußtsein ist und dieses Bewußtsein irreduzibel. Auf dieses *Ich* soll der Mensch verzichten, nicht zugunsten eines gesellschaftlichen Willens, der ihm übergeordnet wäre – das ist die Illusion aller autoritären Herrschaftsformen –, sondern um sich noch vollständiger an die Schnittstellen mit der Außenwelt anzupassen. Descartes konnte vom Menschen sagen: »Ich denke, also bin ich.« Der »Gleichartige« im Zeitalter der Vernetzung könnte behaupten: »Ich stelle Verbindungen her, also bin ich.« Er ist für sich allein ebensowenig von Interesse wie in bezug auf ein gesellschaftliches Ganzes, das eine eigenständige Bedeutung hätte. Es gibt also in der Gesellschaft keine verborgene Bedeutung, die man entziffern müßte, sondern nur eine Programmierung von Gesellschaftspartikeln, die es diesen erlaubt, sich zu verbinden und zusammenzuarbeiten. Wenn solche »Fabrikationsmerkmale« mehr als Zeichen wären, wenn es eine Botschaft zu entziffern gäbe, müßte die Gesellschaft die Dienste von Entschlüßlern in Anspruch nehmen und somit wieder Personen ins Spiel bringen. Kafka, der das Heraufkommen des imperialen Zeitalters beschreibt, deutet in der Erzählung *Die chinesische Mauer* an, daß es noch Gesetze gebe, die aber geheim seien, unentzifferbar für die, die sie respektieren sollen. Roland Barthes bleibt in seinem *Reich der Zeichen* angesichts des mythischen Japan, von dem er sich zu seinen Betrachtungen anregen läßt, offenbar gelassener: Es gibt jenseits des Signifikanten kein Signifikat, und das ist gut so. Wir müssen uns eben in dieser Grammatik der Zeichen zurechtfinden.

Die »soziale Botschaft« in einer Gesellschaft ohne Ziel und ohne Bedeutung reduziert sich also auf die Idee der Verbindung, die um so stärker wirken kann, als sie vollständig sinnentleert und beliebig oft neu zu deuten ist. Das Netz, von den Chinesen als *guanxi* bezeichnet und in ihren Augen ein wesentliches Element im sozialen Miteinander, ist wichtiger als der einzelne.

Diese Form, das gesellschaftliche Verhalten zu regeln, ist unseren Traditionen so fremd, daß uns zu ihrer Beschreibung nur abwertende Termini zur Verfügung stehen – so abwertend, daß man sie in der Fachsprache nicht gern in den Mund nimmt, um nicht als undifferenziert und dumm zu gelten. Das Wort »Konformismus« hat wie das Wort Korruption gute Aussichten, außer Gebrauch zu geraten. Doch das imperiale Zeitalter – und das Modell Japans macht diese Entwicklung leichter verständlich – erfordert eine allseitige Supra-Leitfähigkeit, die für individuelle Unterschiede keinen Raum mehr läßt. »Konformismus« ist kein unglücklicher Zufall, keine bedauerliche Schwäche hochentwickelter Industriegesellschaften, sondern unabdingbare Voraussetzung für ihr gutes Funktionieren.

Man darf daher unter Konformismus nicht das Nachahmen eines zentral vermittelten Vorbilds verstehen, sondern vielmehr die dem »modernen« Menschen eigene Fähigkeit, Unstimmigkeiten aus dem Weg zu gehen. Der traditionelle Konformismus beinhaltet die Unterordnung unter eine herrschende Klasse, die der übrigen Gesellschaft ihre Denkweise vorgibt. Er provoziert den Nonkonformismus als eine Reaktion gegen die Ideologie des Augenblicks und als individuelle Behauptung der Freiheit.

Der moderne Konformismus ist weniger greifbar und scheinbar toleranter: er fürchtet den Nonkonformismus nicht mehr, weil er der gesellschaftlichen Maschinerie Impulse vermittelt und auf seine Art sogar nützlich ist. Doch eben weil er nicht wirklich auf Widerstand stößt, hat er Schwierigkeiten, zu überleben. Jeder neue Nonkonformismus ist stets auch Ausgangspunkt für einen neuen Konformismus und verdient deswegen Beachtung. Durch seine bloße Existenz modifiziert er die gesellschaftliche Landschaft und verwandelt den Konformismus. Es gibt eben nicht nur keine Machtpole mehr, sondern auch keinen Pol des Konformismus oder des Nonkonformismus. Was wir erleben, ist nur noch ein Wettrennen, dessen Ziel die Gleichartigkeit ist; es kann nicht enden, weil die Fortbewegung der Teilenehmer das Ziel, dem sie nachlaufen, ständig verändert.

So ist wie im großen Wettersystem das Verhalten jedes sozialen Moleküls zu jedem Zeitpunkt erklärbar, aber die Entstehung der Ungleichgewichte als treibender Kraft entzieht sich der Erklärung und der Voraussage, weil diese nicht durch große Ursachen determiniert werden. Gerade deswegen hat der Nonkonformist als berufsmäßiger Unruhestifter seinen Platz in einem solchen System. Er erhält den allgemeinen Schwung aufrecht, ohne etwas zu gefährden. Es gibt keine Meinungsführer im eigentlichen Wortsinn mehr, sondern nur einzelne oder Organisationen, die im rechten Moment und am richtigen Ort einen kleinen Anstoß geben und dadurch der konformistischen Meinung ein wenig voraus sind. Irgendein italienischer Modemacher findet beispielsweise durch seinen rasch funktionierenden Informationsdienst an zahlreichen Verkaufsorten schon vor seinen Konkurrenten heraus, daß Mauve als Sommerfarbe und Puffärmel im Trend liegen werden. Er wird daraus die Konsequenzen für seine nächste Kollektion ziehen, die ihrerseits Wellen schlagen und zur Weiterentwicklung der Mode beitragen wird. Es ist möglich, daß eine kleine Neuerung, die auf einer wenig fundierten Marktbeobachtung beruht, eine große Wirkung auf die Wintermode ausübt. Und diese Wirkung wird ihrerseits den zunächst erzielten Erfolg unerwartet deutlich verstärken. Sobald die kritische Masse erreicht ist, kommt es zu einer Kettenreaktion.

Man kann in dem, was einmal die Welt der Ideen war und was davon noch übrig ist, das gleiche Phänomen beobachten. Es existiert eine besondere Kategorie von Büchern, deren Verfasser das Glück haben, »gesellschaftliche Barometer« zu sein. Es gelingt ihnen, das intellektuelle Ungleichgewicht des Augenblicks elegant zu formulieren, so daß sie die Ideen inszenieren wie die Politiker die Auseinandersetzung in der Gesellschaft. Ihre Funktion ist wichtig, weil sie es dem Gesellschaftsverband ermöglichen, die Kommunikation aufrechtzuerhalten, indem sich alle gleichzeitig dieselben Fragen zur Methode stellen, also nach dem Wie fragen, das Warum jedoch sorgfältig ausklammern. Es ist gleichgültig, ob die einzelnen Fragestellungen sich widersprechen, ob sie durch die real zu beobachtende Entwicklung rasch widerlegt werden oder nicht, denn sie beruhen nicht auf dem Prinzip der Wahrheit, sondern auf dem der Resonanz. So wie ein hoher Ton, auch wenn er nur schwach ist, Kristallglas zum Springen bringt, falls er die richtige Schwingung hat, kann auch ein Buch in der Gesellschaft Resonanzen auslösen, die möglicherweise alte Traditionen zerbrechen lassen, die man für unerschütterlich hielt. Die kleine Ursache hat große Wirkung.

Das imperiale Zeitalter ist also das Zeitalter der Spiegelungen – eine matte Welt der Reflexe, gleichzeitig gefährdet und von Langeweile bedroht, in der man einen Kurs zwischen Sturm und Windstille fährt, in der man auf das Ungleichgewicht angewiesen ist, ohne das kein Wind aufkommt, aber den plötzlichen Bruch fürchtet, der in jedem Ungleichgewicht lauert. In der Zerbrechlichkeit einer Welt, in der alles miteinander verknüpft ist und die durch ein Nichts ins Wanken geraten kann, findet die Angst des modernen Menschen ihren Ursprung.

Kaum einer wagt heute noch, sich »konservativ« zu nennen, weil niemand sich der Prinzipien gewiß fühlt, die erhaltenswert wären. Und jeder räumt ein, daß der Wandel die Regel und die Triebkraft des imperialen Zeitalters ist. Gleichzeitig sieht jeder ein, daß der »Wandel« sich nicht vom Menschen beherrschen läßt. Ob es sich um Unternehmen oder Völker handelt, man beansprucht inzwischen nicht mehr, die Zukunft planen zu können, und begnügt sich statt dessen mit der Entwicklung der »Anpassungsfähigkeit«. Die Anpassung ist ja zum entscheidenden Trumpf geworden, und der moderne Geschäftsführer wird nach seiner Formbarkeit beurteilt: er gilt als aussichtsreicher Kandidat, wenn er sich in seine neue Umgebung einfügen und alte Denkweisen aufgeben kann. Erste Voraussetzung ist, daß sein Mitarbeiterstab ihn akzeptiert; man schätzt die Integration in das berufliche Umfeld und fürchtet eine Originalität, die zur Schwächung der Organisation führen könnte.

So braucht man sich nicht zu wundern, daß heutzutage der persönliche Erfolg mit Gefühlen der Unruhe oder sogar Angst einhergeht. Man fürchtet, nicht genügend »dynamisch«, nicht »optimistisch«, nicht »im Trend« zu sein. Das ist die Angst, nur als Leerform zu existieren, oder als sozialer Knetteig, als jemand, der ausschließlich im Spiegel der Kollegen und Vorgesetzten lebt. Der in der Organisation lebende Mensch kann sich keine Prinzipien erlauben, er muß Reflexe haben. Er glaubt zwar kaum noch an etwas, sollte aber nicht wie ein Zyniker wirken. Man erwartet, daß er seine innere Leere schwungvoll zur Geltung bringt. Als wenig sinnerfüllter Mensch muß er in einer Welt der Zeichen ohne Bedeutung selbst zum Zeichen werden. Wie bei einem minderwertigen Maler, dessen Bilder gerade deswegen so begehrt sind, weil sein »Stil« leicht zu erkennen ist, wird man es zu schätzen wissen, wenn er sich ein paar Eigenschaften zulegt, durch die man ihn gut identifizierbaren Gruppen zuordnen kann: als Bridgespieler, Golfspieler, Bergsteiger usw. Durch den Sport, den er betreibt, oder das Auto, das er besitzt, durch den Club, dem er angehört, oder die Religion, zu der er sich bekennt, erwirbt er Identitätspartikel, Treibholzstückchen, die im allgemeinen Strom mitgeführt werden und an denen sich der Schiffbrüchige der modernen Welt festklammert, um sich die Illusion von Stillstand zu verschaffen. Auch hier weist Japan den Weg: Der Snobismus – falls man von Snobismus noch sprechen kann, wenn die Snobs kein anderes Modell mehr imitieren können als sich selbst – ist in diesem Land stärker als andernorts ausgeprägt, zur großen Freude deutscher Automobilfirmen und französischer Hersteller von Luxusartikeln. Im »Reich der Zeichen« wird das Geld zum endgültigen Zeichen, zum gemeinsamen Nenner, der alle Zeichen miteinander verbinden und die hoffnungslose Zersplitterung abwenden kann. Als magisches Fluidum trägt es die Fragmente unserer verlorenen Identitäten in sich. Die Jagd nach den Zeichen kann kein Ende nehmen, weil man nie einer Bedeutung habhaft wird, und wenn sich die soziale Grammatik ständig ändert, kann der Mensch als Plakatträger der modernen Welt nie sicher sein, mit dem richtigen Zeichen zu werben. Wie erholsam erscheinen ihm dann die flüchtigen Augenblicke, in denen seine Arbeit bei irgendeinem Geschäftstermin auf vorübergehende Anerkennung stößt!

Dennoch bleibt dort, wo man einer Gruppe angehören muß, ehe man sich selbst gehört, wo die Effizienz Gleichartigkeit voraussetzt, der Unterschied von Wert; aber der Zerfall der Welt in austauschbare Elemente macht es in Zukunft möglich, den Unterschied in Serie zu produzieren: erst die Kombination der Module läßt aus Standardelementen das Einzigartige entstehen. Das Seltene wird industriell gefertigt und reproduziert gewissermaßen die Fortschritte der Biologie, der Industrie und der Vermarktung. Je mehr wir über die Zellen wissen, desto besser erkennen wir, wie jeder Mensch bis ins biologische Detail seines Organismus einzigartig ist. Und je perfekter das Fließband der Industrie wird, um so stärker wird standardisiert, so daß sich das gleiche Teil in verschiedenen Automobil- oder Flugzeugmodellen wiederfindet. Die Herstellung ist durch elektronische Steuerung dabei jedoch so elastisch geworden, daß Modelle, die nacheinander vom Fließband kommen, sehr verschieden sein können. Die möglichen Kombinationen lassen die Zahl verfügbarer Modelle ständig ansteigen, während gleichzeitig die Standardisierung zunimmt. Die immer präzisere Abstimmung im Herstellungsprozeß ist ihrerseits nur Abbild der Erfolge in der Vermarktung: Der Konsument wird inzwischen so perfekt ausgeforscht, daß man nicht mehr wie früher der heterogenen Masse möglicher Kunden ein neutrales Produkt für jeden Geschmack anbieten muß, sondern gezielt ebensoviele Produkte herstellen kann wie es Zielkunden gibt, ohne auch nur im geringsten auf handwerkliche Produktionsmethoden zurückzugreifen. Ob es um Autos geht oder Pauschalreisen, jeder Konsument kann jetzt das Gefühl haben, er kaufe ein Produkt, das individuell auf ihn zugeschnitten sei, oder wenigstens auf die seltene Kombination von Merkmalen, die jene Gruppe definiert, der er sich bewußt und mit Stolz zurechnet.

Vom Handwerk ist man weit entfernt, doch sein Mythos wird vereinnahmt. In einer Welt der Wiederholung und Ähnlichkeiten braucht man die persönliche Handschrift, um der endlosen Spiegelung zu entgehen. Vom Wurstwarenfabrikanten über den Lederwarenhersteller bis zum Inhaber einer Mode-Boutique wird die gleiche Absicht spürbar: Man will der Ware den eigenen Stempel aufdrücken, nicht einfach einen Schinken, Koffer oder Pullover verkaufen, sondern die Erfindung eines schöpferischen Geists; man bietet das Einzigartige, den Unterschied, um gleichzeitig auch einen Preisaufschlag verlangen zu dürfen, den man für die Produktqualität als solche wegen der Konkurrenz nicht erzwingen könnte. Der Gewinn wird immer häufiger durch einen imaginären Wert erzielt, und der kostbarste Aktivposten einer Firma ist nicht mehr unbedingt das Produktionsverfahren, sondern der Markenname, wenn er sich am Markt durchsetzen konnte. Selten hat man so oft von Kreationen gesprochen wie in unserer Zeit der Massenfabrikation.

Da kein Kräftepol einen Wert an sich darstellt, jeder nur durch die Beziehungen existiert, die er zu knüpfen versteht, durch die Netzwerke, die er aufbaut, durch die

Kombinationsmöglichkeiten, an denen er beteiligt ist, muß jeder Pol versuchen, einzigartig und daher unverzichtbar zu wirken.

So erfreuen sich Designer einer ganz besonderen Hochachtung, mit der man einer untergehenden sozialen Logik seine Reverenz erweist. Daher kommt es auch, daß die Dienste eines Unterhaltungskünstlers unbezahlbar sind, insofern sie sich nämlich nicht auf die einfache Kombination reproduzierbarer und austauschbarer Elemente reduzieren lassen. Selbst die nur mittelmäßige Leistung ist Ausdruck einer nicht mehr teilbaren Differenz, die die Welt der Netzwerke um einen zusätzlichen Pol bereichert, der – ausnahmsweise – schon vor den Beziehungen existierte, die durch ihn geknüpft werden. In einem Umfeld der Wiederholungen erhält alles, was nicht reproduzierbar ist, einen ungeahnten Wert. Der Künstler und das Kunstwerk sind die letzte noch offene Grenze, die äußerste Möglichkeit der Expansion in einer Welt, die sonst nur noch durch die unendliche Teilung der Bausteine im sozialen Lego-Spiel größer werden kann. So kommt es zum harmonischen Miteinander einer Realität der Vervielfältigung und des Banalen einerseits und eines Kults der Einzigartigkeit andererseits.

Wie aber entsteht diese Realität? Wie kommt die Gleichartigkeit zustande? In der Wirtschaft würde man von Unternehmensphilosophie, bei Nationen von nationaler Identität sprechen. Je weniger eine Gesellschaft auf dem Herrschaftsprinzip aufbaut, je diffuser die Macht ist, um so dringender bedarf es einer Unternehmensphilosophie, einer nationalen Identität. Damit das Zusammenspiel der zahllosen winzigen Entscheidungen gut funktioniert, muß jeder anonyme Akteur sich auf der gleichen Ebene wie alle anderen befinden, sich vom gleichen Strom getragen fühlen, das Gefühl haben, der gleichen Lebenswelt anzugehören, und zwar einer Lebenswelt im biologischen Sinn, so wie man von den Standortbedingungen einer Pflanze spricht. Wird damit nun etwa der beziehungsorientierte Charakter der Macht in Frage gestellt? Wenn der Unternehmensvorstand oder die politische Führung den Ton angeben, eine Botschaft auf den Weg bringen müssen, wird dann nicht durch diese von oben kommende strategische Entscheidung ein institutioneller Kräftepol als Zentrum wiederhergestellt, ein Organisationsprinzip, von dem die Macht ausstrahlt? Wenn sich etwas von außen zwischen die endlosen Spiegelungen schiebt, fällt dann nicht die ganze Konstruktion auseinander?

An dieser Stelle muß man erneut auf das Bild aus der Meteorologie zurückgreifen und sich klarmachen, daß große Wirkungen aus kleinen Ursachen entstehen können. Natürlich trifft der Vorstand eine Wahl, entscheidet zwischen verschiedenen Optionen, definiert also eine Strategie. Es wäre falsch zu behaupten, die Analyse der vorgegebenen Fakten lasse nur eine Möglichkeit zu, es gebe nur eine gute Politik, eine richtige Strategie. Doch immer seltener ist es so, daß die Konsequenzen aus der einen Entscheidung ausschlaggebend sind: Sie wird in verschiedene Einzelentscheidungen aufgebrochen, die sich gegenseitig korrigieren. Die Gefahr, daß man zu gar keiner Entscheidung kommt, ist somit größer als das Risiko, die falsche Entscheidung zu treffen. Im imperialen Zeitalter fürchtet man den plötzlichen Bruch; Veränderungen werden herbeigeführt, indem man nachjustiert.

In jeder Einzelentscheidung schwingen die früheren Entscheidungen mit: Die Unternehmensphilosophie oder die nationale Identität ergeben sich gleichermaßen aus den früheren und den allerneuesten Entscheidungen. Es gibt tatsächlich ein kollektives Erbe, eine Summe von Überzeugungen und Gewohnheiten, die wir in den meisten Fällen nicht aufgeben sollten. Bestimmte Entscheidungen finden, eben weil in ihnen gewisse große, durch die Geschichte geprägte und erstarrte Ideen mitschwingen, einen stärkeren Widerhall. Sind sie deswegen auch besser?

Frankreich als ein Land, das sich mehr als andere auf ein schönes Gebäude der Erinnerung verlassen hat, darf hier als anschauliches Beispiel dienen: De Gaulle besaß die Begabung, seine Politik in eine Geschichte ruhmreicher, zu Klischees erstarrter Erinnerungen von Johanna von Orléans bis zur Résistance einzuschreiben. Er ermöglichte den Franzosen, sich selbst zu belügen und die Welt zu beeindrucken. Sie haben geglaubt, Deutschland 1940 Widerstand geleistet und 1966, als sie sich aus dem gemeinsamen Oberkommando der NATO zurückzogen, die Unabhängigkeit von den USA erlangt zu haben. Diese bequemen Überzeugungen haben ihnen Lebenshilfe geleistet und ihnen ihr Selbstvertrauen zurückgegeben. Frankreich hätte in den sechziger Jahren wohl weniger Elan gehabt, wenn es nicht geglaubt hätte, durch den Gaullismus den Bruch im Jahre 1940 kitten und die Kontinuität einer vermeintlich ruhmreichen Geschichte wieder herstellen zu können. Es ist allerdings fraglich ob alles nicht bloß eine geschickte Inszenierung war und ob der gaullistische Durchsetzungswille nicht einfach eine intelligente Form darstellte, sich vorübergehend einiger Klischees des Augenblicks zu bedienen. Die Studentenrevolte im Mai 1968 hat die Grenzen dieses Konzepts ein erstes Mal aufgezeigt. In der Fachsprache der Berater für Öffentlichkeitsarbeit sagt man, die interne Kommunikation dürfe sich niemals von der externen abkoppeln. Es war einer der Fehler de Gaulles, sich über diese Regel hinwegzusetzen: Die Revolte im Mai 68 war nicht zuletzt eine Folge der Kluft zwischen dem internen und dem externen Bild Frankreichs in dieser Zeit. Heute, ein Vierteljahrhundert später, haben wir – auf einer anderen Ebene – Mühe, das moderne Deutschland so zu sehen, wie es wirklich ist, weil wir uns schwertun, das Frankreich von 1940 so zu sehen, wie es wirklich war. Die französische Mittelmäßigkeit von 1940 versperrt uns den Blick auf das heutige Deutschland; es fällt uns nicht leicht, einen Minderwertigkeitskomplex zu überwinden, der das Verhältnis zwischen den beiden Ländern verfälscht. Der Nachhall der Vergangenheit, der in den sechziger Jahren dazu beigetragen hat, Frankreich voranzubringen, lähmt es nun in den neunziger Jahren. Die Konformität muß eine andere Gestalt bekommen, doch die Franzosen wissen nicht, wie das zu bewerkstelligen wäre.

Die Unternehmensphilosophie, die nationale Identität, sind eher Grundlagen als Ergebnisse einer gewollten Konstruktion. Man kann sie nur nach und nach verändern, durch die Wirkung der Unterschiede. Die Idee der Nation in ihrer europäischen Definition konnte gerade deswegen so stark wirken, weil sie das Ergebnis einer Geschichte, eine Erinnerung war, und weil man nicht den Anspruch erhob, sie müsse Wirklichkeit werden.

Von daher droht in der Gegenwart die Gefahr. Wenn die Elemente der Erinnerung verlorengehen, wenn dieses »Vorgegebene« des sozialen Gemeinwesens nicht mehr zu fassen ist, kann der »Konformismus«, der für das gute Funktionieren unserer Gesellschaft so notwendig und als alte Gewohnheit so wenig lästig ist wie ein vielgetragenes Kleidungsstück, zur dauernden Anstrengung werden und sich totalitär verhärten. Wenn der Raum der Nation nicht mehr durch die Erinnerung seine Umrisse erhält, wenn der Raum der Demokratie nur noch einer funktionellen Definition entspricht – als Raum, in dem Entscheidungen nach einem allgemein akzeptierten Verfahren getroffen werden –, dann wird der Gegensatz zwischen »uns«, die wir uns ähnlich sind, und »den anderen«, die uns nicht ähnlich sind, in der Tat zur einzigen Möglichkeit, eine soziale Gruppe zu definieren, die durch die Vervielfachung der Souveränitätsebenen auseinanderzufallen droht. Wenn wir die Erinnerung an unsere nationale Geschichte verloren haben, wenn die Verwaltung unserer Angelegenheiten auf verschiedene Räume verteilt wird – Gemeinde, Region, Nation, Kontinent, Welt –, wie wollen wir dann jene Beziehungen zu den anderen knüpfen, die, wie wir wissen, Grundlage unserer Stärke sind?

Religionen ohne Gott

Längst Vergangenes und äußerste Moderne treffen zusammen – ganz so, als sollte das Loblied auf die japanischen Wirtschaftsunternehmen unserer Zeit die Choräle in den Kathedralen ersetzen, der Fernsehprediger an die Stelle der Heiligen treten, die Sekte jene Gläubigen aufnehmen, die nicht mehr ins Kloster eintreten wollen. Hier zeigt sich, daß Religion – oder Religiosität – und Moderne nicht in dem Sinn unverträglich sind, wie die Naturwissenschaftler im 19. Jahrhundert dargelegt hatten. Das Interessanteste daran ist jedoch nicht die vermeintliche »Renaissance des Religiösen«, denn dafür hätte den Menschen das religiöse Bedürfnis für einige Zeit abhanden kommen müssen, sondern die Vielfalt der Formen, in denen sich dieses Bedürfnis bemerkbar machen kann. Anders als Montesquieu es vor 250 Jahren voraussah, führt die geschichtliche Dynamik der Aufklärung nicht zum Untergang der Religionen, sondern zu ihrer Wiedergeburt in neuer, zuweilen entarteter Form.

Das Ende der römischen Republik vollzog sich in derselben Epoche, in der es auch zu jenem Prozeß fruchtbarer religiöser Unruhe kam, aus dem dann das Christentum entstehen sollte. Unsere Epoche weist mit der damaligen Zeit gewisse Parallelen auf. Die Politik hat sich zunächst von ihren religiösen Ursprüngen gelöst und geht nun unter Donnergetöse an den Folgen ihrer eigenen Befreiung zugrunde. In einer Welt, die erst von ihren Göttern und dann von der Politik im Stich gelassen wurde, bleibt uns oft nichts als der Rückzug auf Riten, auf magische Treueschwüre, an die wir uns klammern, um unserem gefährdeten Leben durch Zwänge Halt zu verleihen.

Die Fortschritte der Wissenschaft entfremden uns nämlich keineswegs der Religion, sie bringen sie uns vielmehr näher. Wir sind an starre Verfahrensregeln und Algorithmen gewöhnt, unsere Welt ist voller Rituale, und in einer Welt der Dinge bedeuten Maschinen, was Priester in einer Welt der Götter sind. Selbst die Rolle der Seherin wird heute von einem Automaten übernommen, der ein detaillierteres Horoskop erstellt, als die beste Kartenlegerin es je aus ihrem Blatt lesen könnte! In der abstrakten Umgebung des imperialen Zeitalters erscheint die Religion plötzlich realer; wir suchen den Zugang zur Religion wie die Kinder zur Welt des Batman oder der Ghostbusters. So ist Science-fiction in die Fußstapfen des Ritterromans getreten. Sie ist die technologische Spiegelung einer untergegangenen Zeit, in der unsere Vorfahren lebten – Menschen mit Leidenschaften. Ist der Metallpanzer dieser utopischen Helden nun Abbild des mittelalterlichen Ritters in seiner Rüstung oder des Roboters im Elektronikzeitalter, der mit dem Zauberschwert interplanetarische Schlachten schlägt?

Muß es also verwundern, daß heute, 2000 Jahre nach dem Beginn der christlichen Ära und ausgerechnet dann, wenn die Wissenschaft zu triumphieren glaubt, die Religionen florieren, weil sie über eine größere magische Anziehungskraft verfügen? Ist es wirklich so erstaunlich, wenn Rituale die Metaphysik aus dem Feld schlagen? Gerade das Unvorhersehbare in den Religionen zieht uns an: In einer Welt, wo alles eine Funktion, aber nichts eine Bedeutung hat, verehren wir im Unbestimmten die letzte Zuflucht der Bedeutung. Die Religionen sind heute der »Naturreligion« der Aufklärung diametral entgegengesetzt. Sie sind gerade deswegen so erfolgreich, weil sie sich den logischen Schlüssen der Vernunft entziehen. Es liegt ihnen gar nichts daran, »wahrscheinlich« zu wirken; die Kompromisse deistischer Prägung betrachten sie als Täuschungsmanöver. Es kennzeichnet die Sekten und den neuen Fundamentalismus gleichermaßen, daß sie gar nicht gewillt sind, sich den »Tagesmoden« anzupassen. Sie erheben keinen Anspruch auf »Modernität« oder Universalität und werden dadurch noch attraktiver.

In den armen Ländern, in denen der Nationalstaat sich nicht hat festigen können, wollen die Religionen die Politik wieder auferstehen lassen und ihr einen Sinn zurückgeben. Auf ihrem Siegeszug flößen der islamische sowie der hinduistische Fundamentalismus jenen Gesellschaften ihre Kraft ein, die der Schock der wirtschaftlichen Moderne aus der Bahn geworfen und zutiefst verwirrt hat. Und der Gegensatz zwischen unserer abgeklärten Resignation und der revolutionären Entschlossenheit der Islamisten macht uns angst, als ob – nach dem Untergang des Kommunismus – nun der Islam ein neues weltpolitisches Konzept darstellen könnte, das um so gefährlicher wäre, als wir den Glauben an die Weltgeltung des demokratischen Prinzips verloren hätten. Bei den reichsten Völkern hätte die Politik ausgedient, während sie in den armen Ländern, die im Zeitalter der Vernetzung nicht integriert und damit an den Rand gedrängt wurden, mit besonderer Virulenz – und von der Religion getragen – zu neuem Leben erwachen würde.

Die Islamische Republik ist jedoch seit ihrer Gründung am 1. April 1979 fast genauso gealtert wie die kommunistische Bewegung in 70 Jahren. Durch die iranische Revolution sollte ein politisches Konzept islamisiert werden, das seinerseits jenem Marxismus viel verdankte, der in der Zeit des Kalten Kriegs in den Ländern der Dritten Welt starken Einfluß gewann. Die bürokratische Verwaltung der Islamisten ist jedoch nicht effizienter gewesen als die sowjetische Planwirtschaft.

Der politische Islamismus hat sich – anders als der Kommunismus nach 1917 es versuchte – als unfähig erwiesen, eine globale Antwort auf die Spannungen zu finden, die seine Entstehung gefördert hatten. Darin liegen seine Möglichkeiten und seine Grenzen. Er wird nicht die Gesellschaftsformen zerstören, in denen er sich durchsetzt, anders als der Kommunismus, der dem Zarenreich ein Ende setzte. Der Islamismus hat in Wahrheit sehr rasch den Anspruch aufgegeben, alle Aspekte des gesellschaftlichen Lebens zu regeln, und er kann recht gut mit einer ganz und gar kapitalistischen Wirtschaftslogik koexistieren, selbst wenn das Verbot verzinslicher Darlehen gelegentlich zu Verschleierungsmanövern zwingt.

Das Scheitern der politischen Ambitionen des Islamismus führt den Islam auf seine eigentliche, religiöse Dimension zurück. Er will nicht die Institutionen ändern, sondern das Bewußtsein des Menschen. Die Wiedergeburt des Islam ist die Folge der unzähligen Frustrationen, die Armut und Entwurzelung in der Großstadtbevölkerung hervorbringen. Seine Antwort darauf ist aber nicht politischer Natur. Der Neo-Fundamentalismus, der an die Stelle des Islamismus getreten ist, strebt keine neue Weltordnung an, sondern will die schützende Nähe einer Gemeinschaft bieten, die in den persönlichen Beziehungen eben jene gerechte Gesellschaft nachahmt, auf deren Errichtung er im politischen Bereich verzichtet hat. Dieser tiefsitzende Pessimismus erklärt, warum die militanten Neo-Fundamentalisten einerseits wenig Bekehrungseifer zeigen, andererseits aber außerordentlich intolerant sind. Ihr Hauptziel ist es nicht, die Gemeinschaft der Gläubigen zu vergrößern, sondern eine homogene Gemeinschaft zu bilden, die gerade deswegen beruhigt und schützt, weil sie sich nach außen abschirmt. In diesem Sinn weist der islamische Militantismus Merkmale auf, die man von den Sekten her kennt. Die Gemeinsamkeit kann nur auf dem Weg der Abschottung verwirklicht werden.

In ihrer Art, auf Werten zu beharren und die gesellschaftliche Ordnung ebenso wie religiöse Hierarchien in Frage zu stellen, erinnern die Neo-Fundamentalisten jedoch auch an Luther; die Verweigerung gegenüber den Kompromissen der Politik beinhaltet einen starken Appell an das Bewußtsein des einzelnen: Die gerechte Gesellschaft wird nicht von oben herab entstehen, durch den guten Fürsten, sondern von unten her aufgebaut werden, durch die Veränderung im Bewußtsein jedes einzelnen. Nachdem die Politik ebenso gescheitert ist wie der Versuch, Politik und Religion zu verschmelzen, wird das Streben nach diesem Ziel in Zukunft auf den Islam vielleicht einen ähnlich nachhaltigen Einfluß ausüben wie die protestantische Reform auf das Christentum, und der Wirkungsprozeß ist noch nicht abgeschlossen.

Es handelt sich dabei um ein tiefes Bedürfnis im imperialen Zeitalter, ob es nun Gesellschaftsformen betrifft, die sich durch die Dynamik der Vernetzung und der Weltwirtschaft in Auflösung befinden, oder um die unter starken Zwängen stehende Welt der modernen Industriestaaten. In beiden Fällen ist die traditionelle Gruppe als Selbstverständlichkeit nicht mehr gegeben, so daß die Menschen den Halt verlieren, keine oder bestenfalls nur eine funktionale Zugehörigkeit haben, also durch ihren Beruf oder ihre jeweilige Kompetenz bedingt. Es entsteht ein seltsamer Kontrast zwischen unserem Verhalten, das immer mehr Zwängen unterliegt, auf die wir keinen Einfluß haben, und unserem Denken, das um so freier ist, als es zu keinen Konsequenzen führt. Alles hat eine Funktion und nichts eine Bedeutung, und so ist die »Religion« inzwischen zum einzigen freiwillig akzeptierten und sogar erwünschten Zwang geworden.

In den reichen Ländern äußert sich dieses »religiöse« Bedürfnis auf andere Art, bringt aber die gleiche Enttäuschung gegenüber der Politik zum Ausdruck. Die Entwicklung der humanitären Organisationen veranschaulicht dies vortrefflich. Die heutigen Aktivisten haben die Hoffnung aufgegeben, Lösungen für das Elend der Menschen in einer politischen Ordnung zu finden; sie haben daher die Dringlichkeit zum Prinzip ihres Handelns erhoben.

Und in der Tat sind Hilfsaktionen immer häufiger Ersatz für die Politik. Sie stellen inzwischen sogar den einzigen Bereich staatlichen Handelns nach außen dar, dem die öffentliche Meinung beipflichtet. Es ist schon merkwürdig, wenn die Politik nur noch auf Zustimmung stößt, wenn sie auf politische Ambitionen verzichtet.

Das Leben eines Menschen retten, das unmittelbar Notwendige tun, auf zu allgemeine Prinzipien verzichten, um die besondere Lage zu meistern – dieser charakteristische Pragmatismus humanitären Handelns entspricht den Forderungen einer individuellen Moral, wo ein gerettetes Leben zur Rechtfertigung genügt. Zwischen der abstrakten Gemeinschaft der Menschen und der Vielzahl der Einzelschicksale gibt es nun nicht mehr die Mittlerrolle der politischen Körperschaften, die im Interesse des kollektiven Schicksals tätig werden. Der kämpferische Einsatz für humanitäre Ziele ist Ausdruck dieser Enttäuschung gegenüber den politischen Institutionen und des neuen Bedürfnisses, in einer zu abstrakt gewordenen Welt konkrete Solidarität zu schaffen. Die Helfer erleben durch ihr Engagement und durch die Gefahren, denen sie sich aussetzen, das Gefühl der Zugehörigkeit zu einer Gemeinschaft von Menschen, die nicht nur aus den Zwängen einer funktionsorientierten Welt entsteht. Die humanitäre Hilfsaktion ist ein Mittel, der unerträglichen Situation zu entfliehen, in der sich der vereinzelte Mensch einer Globalität ausgesetzt sieht, auf die er keinen Einfluß hat, die er jedoch auch nicht mehr ignorieren kann.

Angesichts beschränkter Ressourcen ahnen wir, daß unser außerordentlicher Reichtum nicht für alle anderen verfügbar sein wird. Deswegen macht uns die Suche nach Universallösungen angst, statt unserem besonderen Los einen Sinn zu geben. Auf dieser Suche werden wir mit unseren inneren Widersprüchen konfrontiert, denn sie zeigt, wo wir aufgegeben haben. Den Reichen bietet die Hilfsaktion somit den gleichen Rückzug auf eine individuelle – aber mit anderen geteilte – moralische Erfahrung, wie der Islam sie den Armen bietet. Man will das Elend in der Welt nicht mehr abstrakt beseitigen. Es hat wieder ein Gesicht bekommen, so daß sich nun eine unmittelbare Solidarität einstellt, die aus der Not und dem Leiden entsteht. Da wir die Illusion verloren haben, es sei eine politische Lösung möglich, die das Unglück beenden und aus der Vielzahl der menschlichen Einzelschicksale eine Gemeinschaft formen könnte, bringen wir jetzt unsere Opfer nicht der Menschheit, sondern einzelnen Menschen.

Diese konkrete Erfahrung der Beziehung zu anderen, zu einzelnen anderen, ist das, was wir heute von der Religion erwarten. Während in allen Dingen der Zwang zum Universalen herrscht, bestätigt die Religion den Unterschied, der nicht mehr politisch, sondern moralisch ist. Überall fallen die Grenzen, die Religion dagegen begründet die Besonderheit von Gruppen; sie errichtet neue Barrieren, wo sie gestern Mauern eingerissen hat. Das metaphysische Problem unserer Zeit besteht nämlich nicht darin, in der Ungleichheit der gesellschaftlichen Situationen das Universale zu entdecken, sondern in der grenzenlosen Standardisierung vernetzter Beziehungen das Differenzieren zu rechtfertigen. Die Menschen der postnationalen Epoche wünschen sich keine grenzenlose Solidarität, sondern Grenzen für den Bereich der Solidarität, der sie gleichzeitig im täglichen Leben begegnen wollen.

So übernimmt die Religion im imperialen Zeitalter Funktionen, die in der institutionellen Epoche von der Nation ausgefüllt wurden: sie trennt, statt zu einigen. Und wenn sie der sozialen Gemeinsamkeit einen Rahmen verschafft, dann geschieht das häufig – wie bei den Sekten – durch Abschirmung, nicht durch Weltoffenheit.

Früher suchte der Schafhirte in der Verlassenheit seiner einsamen Nächte unter tausend funkelnden Sternen nach der Spur eines einigenden Prinzips, das ihn mit der Gemeinschaft der Menschen verbinden sollte, und der Erfolg der großen monotheistischen Religionen ist gewiß zu einem beträchtlichen Teil diesem Bedürfnis zuzuschreiben, einer geographischen sowie sozialen Abschottung zu entkommen, die so lange für die Lebensbedingungen des Menschen charakteristisch waren. Unser heutiges Problem ist ganz anderer Art. Wir sind immer noch ebenso einsam, doch ist unsere Einsamkeit die des Menschen in der Masse, ständig bewegt, aber ohne Fixpunkt. Was uns ängstigt, ist nicht die Sorge, vom großen Ganzen getrennt zu werden, sondern uns darin aufzulösen. Der Himmel ist verlassen, und die zahllosen Zeichen, die auf uns niederprasseln, verweisen in keiner Weise auf ein einigendes Ganzes.

Von allen Ländern der wirtschaftlichen Moderne reagiert Japan vielleicht am überzeugendsten auf diese Angst. Anders als der islamistische Intellektuelle, der sich mit Notbehelfen die Illusion einer transzendentalen Totalität bewahrt, für die er nach Art eines Autodidakten Koranzitate und Anleihen bei der modernen Naturwissenschaft bedenkenlos miteinander vermengt, anders auch als die humanitären Helfer, deren Engagement einen Akt des Glaubens an ein gemeinsames Schicksal des Menschen konstituiert, akzeptieren nämlich viele Japaner die Fragmentierung der Welt als natürliche Gegebenheit unseres Lebens. In diesem Sinn ist die japanische Form der Religiosität in ihrem Archaismus zutiefst modern. Man verwirft Transzendenz und das Streben nach Prinzipien, verleiht dagegen der unendlichen Masse der Zeichen höhere Weihen und bestätigt so eine pluralistische Welt, die keine metaphysische Einheit mehr hat. Man verwandelt einen Atheismus, der den meisten Menschen ein zu hohes Maß an innerer Festigkeit abverlangt, in einen imperialen Pantheismus, mit dem sich sehr viel besser leben läßt: Die Gruppe, verkörpert durch den Kaiser, ist sich selbst ihre eigene Gottheit. Der Kaiser ist jener Gott-Mensch, der die absolute Leere erreicht hat und so ein Beispiel des Lebens als Objekt darstellt: er lebt einzig aus der Betrachtung der anderen und in seiner Präsenz für andere. Eingeschlossen in seinem von Wassergräben umgebenen Palast, lange Zeit ohne andere als rein formale Verbindungen mit der Welt, von seinen Untertanen durch ein umständliches Zeremoniell geschieden, verkörpert der japanische Kaiser gewissermaßen die zentrale Leere.

In einer pluralistischen Welt, die von keiner politischen oder philosophischen Ordnung mehr beherrscht wird, können wir selbst keine irgendwie geartete innere Einheit mehr beanspruchen. Von Empfindungen durchflutet, vielfachen Impulsen ausgesetzt, zieht unser Leben wie ein Schattenriß vorbei. Wir können nur noch einen Grashalm hier, einen Mondstrahl dort, eine vorübergehende Empfindung da bewundern. Das sind die ärmlichen Schätze unserer bruchstückhaften Welt. Durch die kopernikanische Wende verlor die Erde ihren Platz im Mittelpunkt, aber sie bewahrte sich wenigstens – mit der Sonne – die Idee eines Zentrums. Nun geht es auch mit dieser Vorstellung zu Ende. Der Triumph des Relativen, dieser Sieg der Beziehung über das Prinzip, entfremdet uns nicht der Religion, sondern verändert die Natur der religiösen Erwartung. Der Polytheismus hat wahrscheinlich mehr Zukunft als der Monotheismus.

Unter Religion ist künftig nicht mehr der Glaube an eine Transzendenz, einen Gott, an Prinzipien zu verstehen, sondern, sehr viel eingeschränkter, jene Summe von Riten, von Gewohnheiten sozusagen, die Tocqueville im Zusammenhang mit Amerika als »Herzensgewohnheiten« bezeichnete und die unser Verhalten lenken.

Die abstrakte Globalisierung des imperialen Zeitalters und der Archaismus religiöser Zersplitterung sind also durchaus miteinander vereinbar. Die Zersplitterung ist eine natürliche Konsequenz der Globalisierung, und die beiden Phänomene stellen keinen Gegensatz dar: sie betreffen verschiedene Bereiche, und vielleicht werden sie in Zukunft in friedlicher Koexistenz triumphieren. Möglicherweise erleben wir noch – wie zur Zeit des römischen Kaiserreichs und zum Teil aus denselben Gründen –, daß Rechtsstaat und gärende Religiosität nebeneinander existieren:

- Ein Staat des Privatrechts ohne jeden philosophischen Bezug zum Naturrecht, reduziert auf einen Regelkodex und nur durch den täglich erbrachten Beweis seiner Funktionsfähigkeit legitimiert; ein Recht, das weder Ausdruck einer Souveränität, eines politischen Gemeinwesens ist – die Art, wie man in islamischen Ländern die politischen Institutionen geringschätzt und auf der Geltung des islamischen Rechts besteht, ist gewissermaßen das erste Beispiel von »Recht ohne Staat« – noch die gesellschaftliche Umsetzung einer Naturordnung, so wie die menschliche Vernunft sie auslegt; eine elegante und praktische Form, Verfahren zu regeln, so nützlich wie ein Computerprogramm. Und vor einem Computerprogramm senkt man nicht ehrfürchtig das Haupt.
- Religionen, die Unterschiede und damit Identität begründen, die Möglichkeit zu glauben, ohne daß dieser Glaube das Unterprodukt der unerbittlichen Logik der Vernetzung wäre; ein Polytheismus, der sich mit der Vielfalt der Dinge und der Menschen abfindet, aber unfähig ist zur Universalität.

Durch diese religiöse Bindung haben wir teil an einer Menschheit, die nicht mehr weiß, wie sie sich auf dem verlassenen Schauplatz der Politik darstellen kann, und wir finden zu einem Zugehörigkeitsgefühl zurück, das wir mit dem Untergang des politischen Gemeinwesens verloren haben.

Die zunehmende Verrechtlichung der imperialen Epoche und der religiöse Aufschwung ergänzen sich also durchaus. Angesichts der stets wachsenden Zahl von Zwängen ohne Prinzipien möchten wir gern ein paar Prinzipien ohne Zwang verehren können, dabei aber völlig unabhängig bleiben: Die Prinzipien sind nicht Grundlage der Zwänge. Das dritte Rom – der sowjetische Kommunismus – wollte beide miteinander verbinden und eine irdische Religion dadurch begründen, daß den gesellschaftlichen und historischen Zwängen ein Sinn verliehen wurde.

Das Reich, das jetzt im Entstehen begriffen ist, erhebt solche Ansprüche nicht. Das mit ihm eingesetzte Recht ist ein Recht ohne Staat, ohne Gott, ohne Grundlage. Dieses Reich ist im eigentlichen Wortsinn atheistisch; es überläßt das Feld neuen Religionen.

Das Goldene Kalb

Wenn wir nur Verfahren hätten, um die von Religionen und Gruppen zerrissene Welt der imperialen Epoche zu einigen, dann könnte dieses Imperium nicht bestehen. Aber die moderne Macht ist nicht nur abstrakt, sie findet ihren Ausdruck im Geld: Geld ist die universal gangbare Brücke zwischen allen Formen der Macht, das alles umschließende Band, das die imperiale Welt und ihre bunte Vielfalt von Religionen zusammenhält. Aus diesem Grund verdient die Korruption eine Analyse, nicht als Randerscheinung, sondern als Sinnbild unserer Zeit und vielleicht auch als einzige »Religion«, der heute eine universale Geltung bestimmt sein könnte.

Wir neigen dazu, die Korruption als ein Phänomen der Vergangenheit zu betrachten, als bedauerliches Überbleibsel einer Epoche, in der man zwischen Privatvermögen und Gemeinwohl keinen Unterschied machte. Daß man in bestimmten Staaten der Dritten Welt Schmiergelder zahlen muß, schockiert uns, macht uns aber hinsichtlich der eigenen Lage wenig Sorgen: Wir sehen darin keine Bedrohung, sondern deuten es als Symptom einer noch unvollständigen Entwicklung zum Nationalstaat. Es ist schon eher beunruhigend, daß die Korruption sich in Japan manifestiert, in einem Land an der Spitze des wirtschaftlichen Fortschritts. Und wenn wir sie dann auch in Deutschland, Frankreich oder den USA antreffen, dann müssen wir wohl oder übel behaupten, es handele sich dabei um Ausnahmen von der Regel.

Wir kommen überhaupt nicht auf die Idee zu fragen, ob diese Korruption am Ende gar nicht pathologisch oder anomal ist, sondern einfach ein Wesensmerkmal hochentwickelter Industriegesellschaften.

Wie sehr die moderne Form der Macht auf der Weitergabe der Information beruht und nicht mehr auf ihrer Geheimhaltung, ist schon gezeigt worden. Macht haben heißt nicht mehr, das Wissen der anderen in Grenzen zu halten – denn man wird selbst darauf angewiesen sein –, sondern das Wissen der anderen nutzbar zu machen. Die Konsequenz aus dieser veränderten Lage ist die außerordentliche Vervielfältigung des Wissens, die den Wissenden ab- und das Netzwerk des Wissens aufwertet. Dadurch haben sich soziale Beziehungen und Machtstrukturen grundlegend gewandelt. Statt der traditionellen Pyramide, in der »Spezialisten« an der Basis der Autorität von etwas weniger spezialisierten Vorgesetzten auf höheren Stufen unterstanden, die ihrerseits letztlich den Anordnungen eines obersten »Generalisten« gehorchten, ist das moderne Machtgeflecht nur noch Abbild eines bestimmten Wegs, den die Entscheidungen im organisatorischen Labyrinth nehmen. Es gibt keinen festen

Standort mehr, an dem die Entscheidung getroffen wird, sondern lediglich eine Folge von Wegstrecken, in deren Verlauf die Entscheidung allmählich Konturen gewinnt. Auf diesem Terrain gedeihen neue Formen der Korruption.

Die herkömmliche Form, so wie sie in einigen Ländern der Dritten Welt vorhanden ist, entspricht einer »vorstaatlichen« Gesellschaft: Große Führungspersönlichkeiten treffen große Entscheidungen, die mit großen Bestechungsgeldern beeinflußt werden können. Die Entscheidungsträger sind bekannt, und die Korruption blüht nicht, weil sie unkontrollierbar wäre – die Entscheidungswege sind eindeutig –, sondern weil der politische Wille fehlt, die Kontrolle zu übernehmen: es gibt keinen Staat. In den Industriestaaten liegen die Dinge anders. Dort ist der Wille zur Bekämpfung der Korruption vorhanden, doch die Entscheidungsstrukturen lassen eine Kontrolle von Tag zu Tag schwieriger werden.

Weil viele an der Entscheidung beteiligt sind, gibt es für die Korruption auch viele Ansatzpunkte. Gewiß bekommt jeder der Akteure gewissermaßen nur einen Zipfel der Entscheidung zu fassen. Er lenkt einen Prozeß, der über ihn hinausreicht, vielleicht nur in eine leicht veränderte Richtung. Kann man diese Einflußnahme als Entscheidung bezeichnen? Der moderne Beamte reagiert auf vielfältige Informationen, auf ein Überangebot an Gegebenheiten, versucht den widersprüchlichen Interessen der verschiedenen Lobbies Rechnung zu tragen und sieht sich so immer seltener als jemand, der als Fürsprecher eines nicht erkennbaren öffentlichen Interesses seines Amtes waltet, und immer häufiger als eine Art Gesellschaftsingenieur, der ein »Zusammenspiel« erleichtert, das sich selbst zur Regel macht.

In einer solchen Welt erdrückt das Überangebot der Informationen die Information, und der zerstückelte Entscheidungsprozeß reduziert den Entscheidungsspielraum: Es geht ja fast nie darum, zwischen zwei radikal verschiedenen Lösungen zu wählen, sondern den Verzicht auf eine bestimmte Lösung zu verantworten, ohne jemals sicher sein zu können, daß sie wirklich schlechter war. Die gleiche Entwicklung läßt sich auch beobachten, wenn Personal eingestellt oder Geschäftsbeziehungen geknüpft werden sollen. Zwar ist die Zeit der Privilegien des alten Adels oder der Einstellung aus purer Gefälligkeit vorbei, aber die »klassische« Form der Bevorzugung erscheint in neuem Gewand: Die Vielzahl der Diplome nimmt dem Diplom seinen Wert, und im Wettbewerb einer vernetzten Gesellschaft überleben nur die besten, während die schlechtesten untergehen. Wie soll man sie auseinanderhalten? Ob es sich um Entscheidungen, Unternehmen oder Menschen handelt, das Problem ist durchaus immer das gleiche.

Angesichts der alles erdrückenden Überinformation geben wir die Hoffnung auf, eine Wahl auf rein sachlicher Grundlage treffen zu können. Es sind immer mehrere Möglichkeiten, mehrere Kandidaten »gleichwertig«. Die »klassische« Reaktion ist dann auch die logische. Man wählt, was man kennt, und bringt in diese abstrakte Welt wieder Loyalitäten ein; sie dienen der Selbstvergewisserung und füllen die Leere, die der Untergang der Politik hinterlassen hat. Wenn die Qualität der Information Voraussetzung ist, wird die Qualität des Kontakts zum wesentlichen Kriterium. Auf dieser Qualität beruhen dann die Entscheidungen und die Wahl der Personen. Man wird zwischen zwei gleichermaßen angesehenen Unternehmen oder zwischen zwei Personen mit gleichwertigen Diplomen diejenigen wählen, mit denen man »vertrauter« ist.

In einer anderen Welt, wo der Beamte Inhaber von Wissen und Treuhänder des Gemeinwohls ist, kann eindeutig unterschieden werden zwischen einer integren Haltung, die Abschirmung voraussetzt, und Korruption, die mit der Kontaktaufnahme beginnt. Dagegen wird Korruption zu einem unpassenden Wort, das die unmerklichen Übergänge vom Kontakt zur Abhängigkeit, von der Information zur Einflußnahme mangelhaft beschreibt, wenn man in einer Welt lebt, in der Macht sich nicht aus Wissen, sondern aus der Fähigkeit ableitet, in Verbindung zu treten, in der sich öffentliches und privates Interesse zum Zweck einer größeren Effizienz verbünden.

In einer Gesellschaft, die den Utilitarismus zum Funktionsprinzip und zur Grundlage des Gesellschaftsvertrags machen wollte, ist Korruption nur schädlich, wenn sie nicht die Regel ist, denn dann hätten nicht alle gleichen Zugang zu den »Dienstleistungen« der Staatsgewalt. Wenn sich die Staatsgewalt jedoch darauf beschränkt, »Dienste« zu leisten, ist es durchaus nicht ungewöhnlich, daß diese Dienste in einer Marktwirtschaft auch honoriert werden. Gewiß kann man bedauern, daß einzelne Beamte eine Bezahlung für sich beanspruchen, die mit anderen geteilt werden müßte, die zu dieser Dienstleistung auch beigetragen haben. Ein solcher Vorwurf betrifft aber eher die Form als das Prinzip: Sobald die Verwaltung einmal so weit diversifiziert und spezialisiert ist, daß sie nicht mehr als Ausdruck eines kollektiven Willens erscheint, der sich von den vielfältigen Einzelinteressen abhebt, sobald sie als Dienstleistungsbetrieb auftritt, könnte man die »Gewinnbeteiligung« der Beamten als eine neue Form der Entlohnung im öffentlichen Dienst darstellen – falls nicht bewiesen wird, daß eine Entscheidung, die dem Entscheidungsträger eine Entlohnung verschafft, notwendigerweise schlechter ist als eine solche, die das nicht tut. Damit würde man behaupten, daß die Nachfrage nach Dienstleistungen, für die bezahlt werden kann, weniger legitim ist als die, für die nicht bezahlt werden kann...

Wenn Macht gleich Beziehung ist, dann kann das Gesetz zwar die Entlohnung der Beziehung untersagen. Doch diese Aussperrung vom Markt – so gerechtfertigt sie im Sinne gut funktionierender politischer Institutionen sein mag, weil für sie die klare Trennung zwischen öffentlichem und privatem Interesse Bedingung ist – läuft dem Geist des Systems so sehr zuwider, daß man den Augenblick der »Korruption« im allgemeinen nur hinauszögert: Der Beamte, dem ein gut ausgebautes Netz zur Verfügung steht, wird es gegen hohe Entlohnung in das Privatunternehmen mitnehmen, das ihn am Ende für sich rekrutiert. Wird er dann das Gefühl haben, er habe sich korrumpieren lassen? Das ist keineswegs selbstverständlich. Wie seine japanischen Kollegen, die in ihrem Land das sogenannte *amakudari* praktizieren, trägt er seinen Teil dazu bei, daß im gesellschaftlichen Miteinander die Dinge ins Rollen kommen.

Hohe Staatsbeamte gewissermaßen auf Kredit zu entlohnen, durch die Aussicht auf ein gewinnbringendes Umsteigen in die Privatwirtschaft, und die Politiker in bar, durch Schmiergelder, mit denen nicht nur Wahlkampagnen finanziert werden – das ist ein Kompromiß, der heute in Japan auf Kritik stößt, aber möglicherweise Zukunft hat. Für die Verwaltung ist er insofern nützlich, als er ihr hilft, das Gesicht zu wahren; und den Politikern, die fürchten müßten, keine reale Macht mehr zu haben, bietet er angenehmen Trost. Ist ein solches Arrangement letzten Endes schlimmer als die Illusion einer politisch kontrollierten Verwaltung, die die Beamten demoralisiert, ohne die Demokratie wirklich wiederherzustellen? Die Alternative ist bedrückend.

In Wahrheit ist unsere instinktive Ablehnung der Korruption alles, was uns von einer untergehenden Welt übrigbleibt, in der es noch einen unabhängigen Bereich der Politik gab. Doch ist der Wunsch naiv, die Politiker sollten an ihrer besonderen Rolle als Priester einer erloschenen Religion festhalten. Wie soll es einen Klerus ohne Gläubige geben? Man darf sich also nicht wundern, wenn selbst in Frankreich, wo länger als in anderen Industriestaaten die Idee eines »öffentlichen Dienstes« und mit ihr die Überzeugung überlebt hat, daß es ein nicht auf den Bereich privater Interessen rückführbares öffentliches Interesse gibt, die Spitzenfunktionen in der Verwaltung ihre Attraktivität verlieren. Keine Regierung wird es mehr wagen, sich bei der Bezahlung an entsprechenden Positionen im Privatsektor zu orientieren. Sie stößt damit auf die Zustimmung einer Öffentlichkeit, die überzeugt ist, daß die erbrachten Leistungen nicht gleichwertig sind. Die moralische Honorierung in Form von Sozialprestige gehört schon längst der Vergangenheit an. Wohl wissend, daß die Verwaltung nur mäßig funktioniert, haben die Beamten ihre Selbstachtung gleichzeitig mit der Achtung durch die von ihnen verwalteten Bürger verloren. Für die Zyniker unter ihnen ist das Nachgeben gegenüber der Korruption möglicherweise bloß eine wohltuende Form, sich des eigenen Werts zu vergewissern.

Es wird zwar gelegentlich behauptet, der Niedergang des öffentlichen Dienstes sei einfach Ausdruck einer Kurskorrektur: die Beziehungen zwischen dem öffentlichen und dem privaten Sektor seien mitten in einem Anpassungsprozeß. Das scheinheilige »französische Modell« einer apolitischen Verwaltung, die eine kontinuierliche Wahrnehmung des öffentlichen Interesses gewährleisten solle, werde durch das »amerikanische Modell« einer stärker politisierten Verwaltung ersetzt, in der man die Spitzenbeamten bei neuen Mehrheitsverhältnissen gegen andere austausche. Statt einer nationalen Elite, die ihre Laufbahn in der Verwaltung beginnt und in der Privatwirtschaft beendet, werde bald die umgekehrte Regel gelten: Die Führungskräfte aus dem Privatsektor würden, sobald sie Vermögen erworben hätten, ihre Erfahrungen in den Dienst des Gemeinwohls stellen. Mit dieser beruhigenden Sicht der Dinge setzt man sich aber völlig über die Entwicklung der unteren Verwaltungsebenen und der Entscheidungsprozesse selbst hinweg. In der Privatwirtschaft hat man eingesehen, daß eine Gruppe von Menschen nicht zu mobilisieren ist, indem man ihr plötzlich Führungskräfte vor die Nase setzt, die nicht ihre Erfahrungen teilen. Man weiß, daß die guten Entscheidungen gemeinsame Entscheidungen sind, die einen langen Prozeß durchlaufen, der sich nicht in das amerikanische Schema fügt. Die Politiker, die heute meinen, sie könnten die Beamten von gestern ersetzen, übernehmen nämlich die Führung einer demoralisierten Verwaltung. Die Führung selbst ist eine Illusion: Was hier verwaltet wird – und das entspricht dem »amerikanischen Modell« –, sind eher Wahrnehmungen und Symbole, die noch einen echten Spielraum lassen. Wer hier führt, trifft kaum mehr im eigentlichen Wortsinn Entscheidungen. Deswegen hat die Berufung dieses oder jenes Unternehmerstars auf einen Ministerposten häufig nicht zur Folge, daß die vermeintliche Effizienz privatwirtschaftlichen Sachverstands auf den öffentlichen Bereich übertragen wird; vielmehr schmückt sich der Staat nach außen – jedoch nicht in den Augen der Staatsdiener – mit einem Prestige, das er aus eigenen Kräften nicht mehr erwerben kann.

Unternehmer, die einer Staatsgewalt, der die Selbstachtung abhanden gekommen ist, ihre Hilfe antragen, verwandeln den Staat dadurch nicht in ein Unternehmen, sondern sie segnen lediglich die Vorstellung ab, der Staat verdiene nur dann Achtung, wenn er einem Unternehmen gleiche. Wie aber könnte das sein, wenn doch schon die Möglichkeit solcher Berufungen und die Trennung, die so zwischen einer vermeintlichen Entscheidungs- und einer vermeintlichen Exekutivebene vollzogen wird, den Grundsätzen eines modern geführten Unternehmens völlig widersprechen?

Die Institutionalisierung getrennter Organe der Staatsgewalt war die von Grund auf politische Vorstellung einer Epoche, in der man das öffentliche Interesse als Gegensatz zum privaten Interesse darstellte. Aus Gründen der Effizienz ist heute genau das Umgekehrte gefordert: eine integrierte Gesellschaft, die den optimalen Informationsfluß durch die Intensität der Beziehungen ermöglicht. Korruption ist dann nur noch ein überlebter Begriff, der Nostalgikern einer vergangenen Epoche dazu dient, ihre Verbitterung in Worte zu fassen, wenn sie die unabänderliche Aufwertung vernetzter Macht zur Kenntnis nehmen müssen.

Unsere Zeit erhebt das Finanzgeschäft zur alleinigen Wahrheit, und jede kreditwürdige Forderung ist legitim. Warum sollten wir nicht das Goldene Kalb als höchste Gottheit verehren?

Die Nationalstaaten haben ihre Autorität als Treuhänder des Gemeinwohls eingebüßt, der Geldkreislauf ist im Zuge der Globalisierung über ihre Grenzen hinweggegangen, im Reichtum neuer Akteure erwächst ihnen zusätzliche Konkurrenz, und nicht selten werden sie durch mächtigere Interessen gegängelt. Sie sind nur noch Schatten ihrer selbst, und man wird sie zunehmend verdächtigen, die Korruption nur zu verdammen, weil sie den Rest ihrer Macht nicht hergeben wollen.

Die immer häufigeren Finanz»skandale« in den großen Demokratien sind also keine Anomalie, sondern ergeben sich logisch aus dem Triumph der einzigen uns noch verbleibenden Universalität: des Geldes. An ihm messen wir den Erfolg des einzelnen wie der Gesellschaft, es ist die gemeinsame Norm, die eine direkte Verständigung mit unseren »Brüdern« erlaubt, brüderlich geeint nämlich durch die Verehrung, die sie mit uns dem Goldenen Kalb entgegenbringen, das sich endlich, wenn nicht der Aneignung, so doch der Anbetung aller darbietet.

Die imperiale Gewalt

Wird die imperiale Welt in ihrer abstrakten Universalität den sehr konkreten Kräften individueller Erfahrung standhalten können? Wenn es keine Nationalstaaten mehr gibt, werden wir dann Religionskriege statt Völkerkriege erleben? Wird sich die Dynamik der Aufsplitterung nach libanesischem Vorbild gegenüber der imperialen Logik als stärker erweisen, oder gehen wir einer Welt ohne Gewalt entgegen, die durch den Untergang der Ideen und den Triumph des Goldenen Kalbs zum Frieden findet? Um eine Antwort auf solche Fragen zu geben, darf man sich nicht am Beispiel des Iran orientieren, auch wenn die Kurzatmigkeit der islamischen Revolution in diesem Fall besonders deutlich zeigt, wie schwer es in unserer imperialen Zeit ist, der Religion eine politische Dimension zuzuweisen.

Wir müssen uns vielmehr dem Kernbereich der vernetzten Welt, den reichsten Ländern zuwenden. Es hat durchaus seine Bedeutung, daß im Prozeß der allgemeinen Angleichung Japan so »exotisch« bleiben kann. Werden unsere ererbten »Religionen« verhindern, daß wir uns in einer neuen Form von »Katholizität« zusammenfinden, die dem von der Politik preisgegebenen Raum eine allumfassende Gleichförmigkeit bescheren würde?

Noch ist es zu früh, um sagen zu können, ob zwischen den drei großen Zentren, vor allem aber zwischen Asien einerseits und Europa und Amerika andererseits ein unauflöslicher Wesensunterschied zum Tragen kommen wird, der so stark ist, daß er im Prozeß der Machtstreuung nicht aufzuheben ist. Werden wir auf dem Weg, den uns die imperiale Logik vorgibt, unsererseits »asiatisch« oder leisten wir eher Widerstand? Wird das europäische Modell, dessen Ideal wir als Zwillingspaar – Nationalstaat und Demokratie – auf der ganzen Welt zur Geltung gebracht haben, sang- und klanglos untergehen? Werden wir eine apolitische Organisationsform akzeptieren, die zwar den Zwängen der modernen Welt sehr entgegenkommt, der Erinnerung an unsere Vergangenheit jedoch völlig fremd ist? Unsere gesamte Kultur sträubt sich gegen einen solchen Weg in die Gleichförmigkeit, und das weltweite Phänomen der Machtstreuung kann durchaus in Europa, Amerika und Asien zu unterschiedlichen Konsequenzen führen. Statt *eines* Imperiums entstehen vielleicht mehrere. Angesichts der Vernetzung und der Machtstreuung könnten ihre Grenzen nie klar gezogen sein, denn die politische Zugehörigkeit wäre als Kriterium sekundär – man denke nur an die russischen Territorien in Fernost, die durch ihre Nähe zu Japan und China rivalisierenden Einflüssen unterliegen könnten.

In solchen Fällen könnte das Verfahren, das Konflikte vermeiden soll, sie geradezu unlösbar machen: Jeder Teilbereich würde seiner eigenen Dynamik, seiner »Religion« folgen und in Bewegung geraten, die sich vor allem deshalb nicht aufhalten ließe, weil kein Zentrum mehr existiert, auf das man einwirken könnte. Japan hat diese Erfahrung zwischen den Weltkriegen gemacht, als es der einmal in Gang gesetzten Dynamik nicht widerstehen konnte, nicht, weil es wie Hitler-Deutschland vom Willen eines einzelnen Menschen angetrieben wurde, sondern weil seine Gesellschaft ihres Zentrums beraubt war. Die besondere Erfahrung Japans ist heute das Schicksal aller Menschen der imperialen Epoche, die von Triebkräften mitgerissen werden, über die sie keine Macht haben. Man sieht, in welche Sackgasse wir dadurch geraten können, daß der Prozeß weltweiter Angleichung unvollendet bleibt: drei Machtpole, die weder beherrschbar noch koordinierbar sind. Im wirtschaftlichen Bereich illustriert der mäßige Erfolg der G-7 in den letzten Jahren, wie sich eine vereinheitlichte Welt ohne Mittelpunkt selbst blockieren kann. Könnte diese Konfrontation eines Tages zu organisierter Gewalt führen, nach dem Muster der nationalstaatlichen Kriege, aber mit den Mitteln des Atomzeitalters?

Glücklicherweise ist das nicht sehr wahrscheinlich, wenn man die Frontstellung der Nuklearmächte in den letzten vierzig Jahren als abstrakte Apotheose nationalstaatlicher Gewalt begreift. Von der *Levée en masse* der französischen Revolutionsarmeen über den Massentod in den zwei Weltkriegen bis zur nuklearen Geiselnahme ganzer Völker ist ein vollständiger Zyklus der Gewaltkonzentration abgelaufen, der aus der Logik der Macht-konzentration im Zeitalter der Nationen folgte.

Diese Epoche hatte den totalen Krieg erfunden, indem sie den Krieg nicht mehr nur als Machtkampf von Herrschern begriff, sondern ihn zum höchsten Ausdruck des Volkswillens erhob: Nun mußten die Nationen ganz im Sinne des institutionellen Zeitalters ihrer Machtlogik bis zur letzten Konsequenz gehorchen und in gegenseitiger Übersteigerung den begrenzten Krieg letztlich zur Ausnahme machen. Im Namen der Nation ließ sich viel leichter töten, als man es jemals zuvor im Namen des Königs getan hatte. Der kollektive Lebenswille mit seiner logischen Folge, dem kollektiven Tötungswillen, war ein erheblich stärkeres Gefühl als das Pflicht- und Ehrgefühl der Soldaten in der alten Monarchie. In ihrer Machtpyramide konnte die Nation die latente, über das ganze Territorium verteilte Energie zu ihrem Nutzen bündeln. Die riesigen Armeen von Wehrpflichtigen, die sich in den Weltkriegen gegenüberstanden, ließen in blutigen Schlachten eine Art kollektives Subjekt entstehen, das der Nation Ausdruck verlieh. Und weil man nicht mehr nur Armeen besiegen, sondern die Machtgrundlagen einer Nation vernichten mußte, verlor die Unterscheidung zwischen Front und Hinterland, zwischen Militär und Zivilbevölkerung allmählich ihren Sinn. Mit den Massenbombardierungen, mit der Propaganda zur Mobilisierung ganzer Völker, deren »Verteidigungswille« gestärkt werden sollte, vollendete man eine Entwicklung, die anderthalb Jahrhunderte zuvor in Valmy begonnen hatte. Der Dienst mit der Waffe war endgültig kein Privileg mehr, der Tod demokratisch geworden.

Die atomare Abschreckung ist die Folge einer Entwicklung, in der sich die Wirkungen der Macht in dem Maße ausdehnen, wie sich die Macht konzentriert: einerseits läßt der Atomkrieg keinen Platz mehr für das Einzelschicksal, und der mögliche Massentod ist an die Stelle der *Levée en masse* getreten. Andererseits vereinigt die nukleare Abschreckung aus sachlichen und politischen Gründen in einem einzigen Menschen die Macht, die über das Leben aller Menschen entscheidet. Welch merkwürdiges Ergebnis der Gewalt im institutionellen Zeitalter: Dieselbe Logik, mit der man die Konfrontation des Willens aller Individuen zur Grundlage einer demokratischen Ordnung macht, treibt die Nationen in Extreme, die das Fundament des Gesellschaftsvertrags zerstören. Indem wir die Verantwortung für das äußerste Risiko der gesamten Nation an den Staatschef delegieren, haben wir mit den Freiwilligen der Revolutionsarmeen nichts mehr gemein; unsere Gleichheit vor der Abschreckung ist eher die von Sklaven als von Bürgern. Das Verhältnis zwischen der Masse, die sich zum Erdulden verpflichtet, und dem einsamen Menschen, dem man die Last der Entscheidung aufbürdet, ist das Gegenteil einer demokratischen Beziehung.

Sind wir überhaupt noch Bürger, wenn die Glaubwürdigkeit der Abschreckung verlangt, daß wir uns nicht nur in Geiseln, sondern auch in Geiselnehmer verwandeln und dabei die universalen Werte demokratischer Auseinandersetzung aufgeben, um in der Zivilbevölkerung des Gegners weniger die Bürger einer anderen Nation zu sehen, als vielmehr unteilbare und abstrakte Elemente einer Nation, der man die Auslöschung androhen muß?

Als Sklaven nehmen wir die Entscheidungen eines Oberhaupts hin, dem wir unser Leben anvertraut haben, und sehen uns im Namen der Sicherheit unseres Heimatlands dazu gezwungen, auf eben jene Prinzipien zu verzichten, die unsere Vorliebe für die Demokratie begründeten. So ist es keineswegs erstaunlich, daß in der ausgehenden Epoche der Institutionen die Demokratien im Zeichen nuklearer Gewalt passive und desillusionierte Bürger hervorbringen. Die atomare Abschreckung erzwingt eine extreme Machtkonzentration und ist so das notwendige Ergebnis der institutionellen Epoche. Durch die mit ihr einhergehende Zerstörung des politischen Gemeinwesens ist sie jedoch gleichzeitig der Beginn des imperialen Zeitalters. Die Verherrlichung der Nation als Person geht auf Kosten des Bürgers als Person in der institutionellen Ordnung.

Nun werden aber die Grundlagen der Abschreckung dadurch in Frage gestellt, daß die Kluft zwischen einer zentral zu treffenden nuklearen Entscheidung und dem Prozeß der Machtstreuung im imperialen Zeitalter sich immer weiter öffnet. Dies kann man in zwei scheinbar gegensätzlichen Situationen gut beobachten: in der ehemaligen Sowjetunion, wo der Besitz von Atomwaffen die Gefahren des Auflösungsprozesses verstärkt, und in der Europäischen Gemeinschaft, wo der Kernwaffenbesitz der Länder Großbritannien und Frankreich zur Sicherheit Europas beiträgt, aber die Konstituierung einer europäischen Verteidigungsorganisation mit echter Macht erschwert. Die nukleare Abschreckung war für eine Welt von Nationalstaaten mit klar definierten Grenzen und Kompetenzen gedacht. Was sie an totaler Bedrohung und Risiken in sich birgt, verträgt sich schlecht mit der relativen und verteilten Souveränität der imperialen Welt in ihren fließenden Grenzen.

Wie ein Baum, den man in ein anderes Klima verpflanzt, seine Blätter verliert, könnte die atomare Abschreckung eines Tages abstrakt erscheinen, weil ihr der politische Kontext fehlt, in dem sie entstanden war. Als monumentale Zeugen einer vergangenen Welt haben die mittelalterlichen Burgen noch eine Zeitlang überlebt, als die Artillerie ihre Mauern schon zum Einsturz bringen konnte; doch der Stärkung der Königsgewalt, die das Feudalsystem zerstörte, haben sie nicht standhalten können. Ein ähnliches Schicksal wird möglicherweise die nukleare Abschreckung ereilen: Für eine gewisse Zeit wird die politische Führung der Nuklearstaaten gerade unter Berufung auf ihre ungeheure Verantwortung an ihrer außergewöhnlichen Macht festhalten können. Doch dann wird der Moment kommen, in dem man diese Machtkonzentration, die der Logik der Machtstreuung so sehr widerspricht, für unerträglich und gefährlich erklärt. Das wird dazu führen, daß man den Status der politischen Führer nicht aus dem Besitz der Atomwaffen ableitet, sondern diesen Status den Notwendigkeiten der imperialen Zeit anpassen möchte. Dadurch wird vielleicht nicht der Besitz der Atombombe in Frage gestellt, aber zumindest das Prinzip der Abschreckung. Es kann sein, daß man versucht – auch weil man die Weitergabe an Dritte fürchtet –, die Waffe zu »zähmen«, um sie anzuwenden, statt bloß mit ihr zu drohen. Es spricht einiges dafür, daß in Zukunft die gemeinschaftliche Entscheidung unumgänglich wird, und dann ist die Frage, ob die nukleare Abschreckung eine solche Entwicklung überleben kann. Dennoch bedeutet die Krise der Abschreckung nicht unbedingt die Rückkehr zu den klassischen Formen des Kriegs.

Wer bedauert, daß mit den Nationalstaaten auch die Demokratien untergehen, sollte bedenken, wie sehr diese Epoche auch eine Zeit extremer und schrecklicher Gewaltkonzentration gewesen ist. Wir stehen an der Schwelle eines Zeitalters, das kaum von jener Konzentration der Gewalt geprägt sein wird, die die beiden Weltkriege kennzeichnete. Keine Nation kann heute mehr so gigantische Kräfte für eine Idee mobilisieren. Die Massaker des 20. Jahrhunderts sind erst durch die Vermengung der absoluten Macht des Nationalstaats mit einer nationalistischen, nationalsozialistischen oder kommunistischen »Religion« ermöglicht worden, die diese in eine Richtung lenkte. Damit es im Bereich der drei Machtzentren wieder zu der gelenkten Gewalt der nationalstaatlichen Epoche kommen könnte, müßten sich nicht nur verschiedene Imperien herausbilden, sondern die »Religionen« von morgen müßten außerdem in der Lage sein, innerhalb dieser Imperien eine jeweils einheitliche strategische Richtung vorzugeben. Glücklicherweise stößt das in einer Welt, die durch ihre komplexe Vernetzung vielfach aufgebrochen ist, auf größte Schwierigkeiten.

Wenn die Zwänge der imperialen Zeit ihre Wirkung auf die Bereiche von Gewalt und Krieg ausüben, so heißt das allerdings nicht, daß vor uns eine Epoche des Friedens und der Sorglosigkeit liegt. Es hat sich bereits gezeigt, daß die Logik der Vernetzung besser geeignet ist,

Differenzen vorzubeugen als sie beizulegen. Die Methode, eine Vielzahl kleiner Differenzen im Reibungsprozeß angestrebter Konformität abzuschleifen, hat ihre Grenzen, und wir erleben heute die unterschiedlichsten Spannungen, die nicht nur in den Randbereichen, sondern mitten im Herzen der vernetzten Welt immer wieder Ungleichgewichte, Verschiebungen und Konflikte hervorrufen.

Welche Gestalt wird die Gewalt haben, die man in der imperialen Welt nicht vermeiden kann? Handelt es sich um ein Überbleibsel einer verblassenden institutionellen Logik, oder ist sie wie Korruption, Konformismus und Religiosität ein unabdingbares Merkmal der neuen Epoche?

Es ist sehr gut möglich, daß in einer Zeit der Netzwerke die Gewalt diffuser sein wird, weniger extrem, jedoch nicht seltener. Traditionelle und vermeintlich fundamentale Unterschiede werden sich verwischen. Zwischen innerer und äußerer Sicherheit wird man keinen Gegensatz mehr sehen. Die Unterscheidung zwischen den Staaten, die, nach Max Weber, das »legitime Gewaltmonopol« hätten, und allem übrigen wird problematischer werden: Einerseits wird die Ausübung der Gewalt durch einen Staat, der in die Netze der imperialen Welt eingebunden ist, illegitim, ja sogar unmöglich werden, während andere Strukturen entstehen – Polizeikräfte, die eher für die Einhaltung von Normen sorgen als Ausdruck von Souveränität sein werden –; andererseits wird die Verwundbarkeit vernetzter Gesellschaften durch jede Störung von außen mit einer weiteren Vervollkommnung der Waffen einhergehen, die sowohl schlagkräftiger als auch leichter zu handhaben sind, so daß die Grenze zwischen öffentlicher und privater Gewalt schwer zu ziehen sein wird.

Wir haben bereits für den Bereich der Wirtschaft gezeigt, wie sich die Schwächung einzelner Staaten mit dem Machtzuwachs »privater« Akteure, z. B. der Drogenhändler, so verbinden kann, daß staatliche und private Interessensphären kaum noch zu trennen sind. Das gleiche gilt für die Gewalt, die man »privatisieren« wird, so wie schon heute ganze Armeen im ehemaligen Jugoslawien: Die Staaten werden sich ihrer Verantwortung entledigen, sei es aus taktischem Kalkül, sei es aus Unvermögen, sie wahrzunehmen. Die Unmöglichkeit, bestimmte Terrorakte unzweifelhaft einem Staat zuzuschreiben, die Kriminalisierung der Politik und die Politisierung des Verbrechens werden allmählich einen nahtlosen Übergang zwischen einst getrennten Bereichen herstellen: Verbrechen und Krieg. Und schließlich wird die mediale Vereinigung der Welt wahrscheinlich dazu führen, daß die Reichsten den Ärmsten Hilfe leisten wollen. Da diese Hilfe aber in Gesellschaften fließt, die keinerlei politischer Ordnung mehr unterworfen sind, wird sie zunächst einmal bewirken, daß die Gewalt eine neue Entwicklungsstufe erreicht. Im Kampf aller gegen alle stirbt man dann eben nicht mehr an Unterernährung, sondern im Kugelhagel der Maschinenpistolen.

Die Kriege des 20. Jahrhunderts setzten eine Welt aus Nationen voraus, die so klar definiert waren, daß der Krieg einen eindeutigen historischen Einschnitt darstellte. Die Streuung der Macht müßte solche Einschnitte erschweren. Es ist vielleicht ein beruhigender Gedanke, daß es wohl kaum mehr einen 1. August 1914 oder einen 1. September 1939 geben wird. Auf den Frieden wird kein Weltkrieg folgen. Aber es wird auch niemals mehr Frieden sein.

Das imperiale Zeitalter ist die Epoche diffuser und kontinuierlicher Gewalt. Man wird nicht mehr Territorien oder Grenzen, sondern nur noch eine Ordnung zu verteidigen, nur Funktionsweisen zu schützen haben. Und es ist unendlich viel schwieriger, diese abstrakte Sicherheit zu gewährleisten als die Sicherheit einer Welt, deren Geschichte von der Geographie bestimmt wurde. Flüsse und Meere können die empfindlichen Mechanismen des imperialen Zeitalters gegen eine so vielgestaltige Bedrohung, wie sie das Imperium selbst darstellt, nicht mehr schützen.

Unser Reichtum ist in der Tat immer weniger an den Besitz von Territorien gebunden, die Invasion eines Eindringlings ginge ins Leere. Doch zwischen den Räumen, in denen die Logik der Vernetzung schon vorherrscht, und denen, wo sie noch eine sekundäre Rolle spielt, ist keine eindeutige Grenze zu ziehen, so daß wir es uns immer weniger leisten können, die Vorgänge in den Randgebieten zu ignorieren. Selbst wenn wir uns der Illusion hingeben wollten, die Gewalt in Rand-Ghettos einschließen und einen »Cordon sanitaire«, einen Sperrgürtel, schaffen zu können, dann wäre dieser Isolationismus durch die Globalisierung des Handels, die Bevölkerungsbewegungen, die grenzüberschreitende Umweltverschmutzung und die eventuelle Weitergabe zerstörerischer Großwaffensysteme zum Scheitern verurteilt. Ein solcher Versuch würde im übrigen der Logik einer imperialen Welt ohne Grenzen und ohne eindimensionale Identität völlig widersprechen. Im Krieg der Zukunft wird es keine Fronten mehr geben.

Das künftige Imperium wird also keine Insel der Ordnung in einem Meer »neuer Barbaren« sein. Die sogenannten Barbaren stellen ebensowenig eine politische Einheit dar wie dieses Imperium. Die Barbaren sind in ihm, und das Imperium bringt seine eigenen Barbaren hervor. Durch die zunehmend komplexe Vernetzung kommt es gleichzeitig zu vermehrter Ausschließung wie zu größerer Verwundbarkeit, zu vermehrter Abstoßung wie zu innerer Blockade. Gewiß ist die Hoffnung berechtigt, daß in einem System ohne pyramidale und zentralisierte Machtstruktur keine einzelne Panne, kein einzelner Sabotageakt mehr schicksalhafte Konsequenzen hat; der Kreislauf und das Netz in der Umgebung der betroffenen Zone regenerieren sich gewissermaßen biologisch. Dennoch gilt, daß netzartige Strukturen zwar die Verzweigungs- und Umleitungsmöglichkeiten vervielfachen, aber zugleich auch die Zahl möglicher Angriffspunkte. Das Bemühen, den Bereich der Ungewißheit und des Unvorhersehbaren immer weiter zu reduzieren, mindert darüber hinaus die Pannen- und Fehlerverträglichkeit. Kein Fehler ist irreparabel, aber jeder hat Folgen. Und in einer Welt, in der die Verhältnismäßigkeit von Ursache und Wirkung nicht gegeben ist, muß der Wirkungsgrad von Sicherheitsmaßnahmen überproportional wachsen. Wir empfinden es als unerträglich, wenn eine Linienmaschine aufgrund eines Konstruktionsfehlers abstürzt. Das wird erst recht so sein, wenn ein paar Kilogramm Plutonium aus einem Atomkraftwerk in die

Hände von Terroristen gelangen. Man wird die moderne industrielle »Qualitätskontrolle« allmählich auf die gesamte »imperiale« Gesellschaft ausdehnen: Die Zahl der Kontrollen wird mit der Zahl möglicher Gewalt- und Sabotageakte steigen. Die Menschen, die in diesem Imperium einen Krieg ohne Fronten nach allen Seiten führen, werden weder Soldaten des Königs noch republikanische Bürger unter Waffen sein, sondern wachsame Polizisten, die Unterschiede, Unbekanntes, Unerklärliches beim ersten Anzeichen aufspüren.

Epilog

9. November 1989: Die Berliner Mauer fällt, die Demokratie hat gesiegt.

Weder Hitler noch Stalin haben sie also vernichten können. Sie wollten die Macht konfiszieren, doch was sie scheitern ließ, war ihr Glaube an die Macht. Er legte das Schlachtfeld fest, weil durch ihn ein politisches Terrain definiert wurde. Einen Augenblick lang, für die Zeitspanne einer Revolution, haben die Völker des Ostens ein politisches Gemeinwesen gebildet. Sie haben die Souveränität des Volkes erprobt. Nun erscheint ihr Sieg, kaum daß er errungen ist, schon wieder gefährdet, nicht etwa, weil der Gegner stärker wird – das würde diese Völker gewissermaßen zu den Fahnen zurückrufen –, sondern weil man nicht mehr recht weiß, wer die wahren Feinde sind.

Die totalitäre Lüge hat durch ihr Schreckensregiment Millionen von Menschen versklaven können, aber sie blieb erkennbar. Das wird für die Gesellschaft im imperialen Zeitalter nicht mehr gelten. Hier kann man keinen Dserschinskij vom Sockel stoßen, man sieht sich nur noch der amorphen Masse einer diffusen, nicht länger faßbaren Macht gegenüber. Jeder wird zum Polizisten; ein Polizeichef, gegen den sich unsere Revolte richten könnte, existiert nicht mehr. Nicht der Freiheit sind wir beraubt, sondern der Idee der Freiheit. Zwei Jahrhunderte lang haben wir uns die Freiheit mittels einer politischen Sphäre vorgestellt, in der sie Form annehmen sollte. Wir wollten Staatsbürger sein. Doch heute ist die Staatsbürgerschaft nur noch ein bequemes Mittel, unseren Unwillen über die Regierenden äußern zu können. Was unsere Würde als freie Menschen ausmachte, das Streben nach einem politischen Gemeinwesen, haben wir aufgegeben. Diese Gleichgültigkeit ist in ihren Folgen heimtückischer als die alte Tyrannei; sie hat die schleichende Wirkung eines allmählichen, unheilbaren Blutverlusts.

2. August 1990: Die Invasion in Kuwait. Handelte es sich um einen Raubzug nach archaischen Mustern oder um den Versuch einer Abgrenzung gegen die imperiale Welt? Mit einer Kombination aus gutmütiger Gleichgültigkeit und abstrakter Brutalität hat unsere Welt es verstanden, sich die Gewalt vom Leibe zu halten. Abgesehen von einigen wenigen Bildern blieben die toten Iraker immer nur vage Statistik, der Krieg war ein Videospiel. Wir konnten es uns leisten, nicht einmal zu hassen! ... Während des Konflikts bestand eine der größten Sorgen unserer Regierungen darin, innenpolitisch nicht anzuecken: Ebensowenig, wie wir hassen wollten, waren wir bereit, Opfer zu bringen, und zum ersten Mal in der

Geschichte des Kriegs hat die militärische Führung – die ihre Lektion im Vietnamkrieg gelernt hatte – dem Umgang mit der öffentlichen Meinung und der kollektiven Wahrnehmung die gleiche Bedeutung beigemessen wie der eigentlichen Kriegsführung. Der Krieg glich einer Operation zur Aufrechterhaltung der öffentlichen Ordnung, und zwar durch professionelle Kräfte, die aufgrund immenser technischer Überlegenheit die eigenen Verluste auf ein Minimum beschränken konnten. Die Aufrührer wurden in die Knie gezwungen und bestraft. Ist das ein Muster für die Zukunft? Es hat ein Wettrennen begonnen zwischen der Ausbreitung einer Technologie, die das Gewaltpotential steigert, und der Ausbreitung der Macht durch Vernetzung, die es entschärft. Möglicherweise läuft der erste Prozeß schneller ab als der letztgenannte. Wie lange werden wir eine technische Überlegenheit wahren können, die es uns erlaubt, alles fernzuhalten, was unsere komplexe Gesellschaft bedroht? Und wenn wir unseren Vorsprung eingebüßt haben, wird es uns dann gelingen, die Leidenschaften der anderen in unserer leidenschaftslosen Welt versickern zu lassen? Wird die Komplexität über die einfachen Vorstellungen siegen oder von diesen mitgerissen werden?

Wir haben die kollektive Leidenschaft verlernt, und inmitten einer haßerfüllten Umgebung könnte die menschliche Wüste, in der wir leben, Feuer fangen und abbrennen wie eine ausgedörrte Steppe. Im Römischen Reich lebte man in stolzer Unkenntnis der angrenzenden Barbarenländer, und dieses Unwissen half beim Weiterleben. Wir haben diese Möglichkeit nicht. Welche ausgrenzende und brutale »Religion« werden wir uns schaffen, um unser Glück inmitten von soviel Elend vor uns selbst zu rechtfertigen? Für Milliarden von Menschen sind wir das natürliche Objekt von Mißgunst und Neid – werden wir anders als mit Angst darauf reagieren und in einer Welt der Leidenschaften leidenschaftslos leben können? Gerät auch die imperiale Welt in den Bann eines Fanatismus, dessen sie unfähig ist, solange man sie ihrer eigenen Logik überläßt? Und wäre dieser diffuse Fanatismus bedrohlicher als die organisierte und zentralisierte Gewalt totalitärer Systeme in nationalstaatlicher Zeit?

Noch gibt es keine Antwort auf diese Fragen. Man ahnt bloß, daß die Gesellschaftsstruktur – wie ein Monster, das seinem Schöpfer entwachsen ist – über beispiellose Kräfte verfügt, die jedoch ungerichtet sind, so daß es gleichermaßen schwierig ist, ihre Stoßrichtung voraussagen oder ihre Macht bändigen zu wollen, wenn sie erst einmal zur Wirkung gekommen sind.

Wir befinden uns in der vorgeschichtlichen Phase dieses neuen Zeitalters, und die Logik der Nationalstaaten wird noch lange neben der Logik einer imperialen Welt gelten, von der man nicht weiß, ob sie, wie die Imperien, die ihr vorausgingen, ihre Macht auszudehnen beabsichtigt, um die aus dem Umfeld drohenden Gefahren zu mindern, oder ob sie durch ihre eigene Logik gelähmt sein wird. Wer sich versucht fühlt, das neue Imperium in seinen Grenzbereichen herauszufordern, ist zur Ungewißheit verdammt: Aggressoren können hoffen, daß die postnationale Macht der klassischen Drohung eines Nationalstaats nicht wirksam Widerstand leisten kann, sie müssen jedoch ebenso die Entfesselung der einmal provozierten imperialen Macht fürchten. Saddam Husseins strategischer Irrtum bestand darin zu übersehen, daß die werdende imperiale Welt noch von Nationalstaaten organisiert war, die einen politischen Willen haben können. Was wird geschehen, wenn die Diffusion der Macht in dieser Welt zu vollkommen geworden ist, als daß sich ein politischer Wille bilden könnte?

2. März 1992: Ein Tag wie jeder andere in Hongkong.

Gehetzte Menschen, die sich nie von ihrem Funktelefon trennen. Die Apotheose der vernetzten Welt. Freiheiten, aber keine Demokratie. Eine ungeheure Energie, durch die die austauschbaren Elemente des menschlichen Legospiels in immer zahlreichere Kontakte und Verbindungen eingebunden werden. Die Wirtschaftszentren ersetzen die Kathedralen von einst, und was man da in verschwenderisch ausgestatteten Marmorhallen inszeniert, ist der Konsum. Heute lautet die Frage nicht mehr: »Wer bist du?«, sondern: »Mit wem sprichst du?«. Man macht die Bekanntschaft so vieler anderer Menschen, daß man sich selbst nicht mehr kennt. Daraus entsteht eine Einsamkeit, die allerdings große Leistungen erlaubt. Jeder Kontakt ist künftig medienbestimmt und durch Zeichen genormt: das monetäre Zeichen des Geldes, das Etikett der Luxuswaren. Als vernetzte Menschen ohne Prinzipien verfügen wir nur noch über Operationsmodi. Alles funktioniert, und zwar besser als irgendeine menschliche Ordnung je zuvor, aber niemand weiß, mit welchem Ziel. Die Maschine läuft angenehm rund. Die imperiale Welt ist keine Ideologie, sondern ein Verfahren. Hält es sich nun selbst in Gang, indem es Konformismus produziert – ohne daß jemand das Vorbild kennt, dem man sich angleichen soll –, oder ist es auf eine Grenze angewiesen, auf eine andere Welt, die seinen Gesetzen nicht gehorcht, um seine eigene Dynamik zu erhalten?

Die wunderbare und nutzlose Bewegung berauscht uns, doch gelegentlich halten wir einen Moment lang inne und stellen uns die ketzerische Frage: Wann wird man uns aus der Tyrannei des Fortschritts befreien? Wird das Zellenwachstum im Netz nie ein Ende nehmen? Woher kommt dieses zwanghafte Bedürfnis, jeden »weißen Fleck« auf der Landkarte des Imperiums auszufüllen? Seine Logik verlangt die unendliche Ausdehnung, und dennoch wissen wir, daß es physisch unmöglich ist, die Funktionsweise der industrialisierten Welt auf den ganzen übrigen Planeten zu extrapolieren. Werden wir jenen besessenen Sammlern gleichen, die ihre Objekte so lange anhäufen, bis sie in ihrem Haus selbst keinen Platz mehr haben? Dann sähe sich der Mensch durch seine eigenen Schöpfungen aus der Welt verstoßen.

Der Kommunismus wollte den Widerspruch auflösen, indem er der Arbeit aller Menschen einen Sinn zuschrieb. Er nahm es zwar als gegeben hin, selbst im Fluß der Geschichte gefangen zu sein, hatte aber den prometheischen Ehrgeiz, sich über diesen Fluß zu erheben, indem er eine Wahrheit gesellschaftlicher Beziehungen erfand. Wir sind bescheidener; auch wir wollen »der Geschichte ein Ende setzen«, aber dadurch, daß die ideologische Auseinandersetzung aufhört, in einer Welt, die so gut verwaltet wird, daß das Streben nach Wahrheit in ihr überflüssig geworden ist.

Als Nomaden der Modernität sind wir der unaufhörlichen Bewegung müde, zu der uns der Fortschritt seit zwei Jahrhunderten antreibt; wir sehnen uns nach etwas Ruhe. Die Wahrheitssuche ist uns zur Last geworden wie ein sperriges, inzwischen überflüssiges, ja gefährliches Gepäckstück. Wir möchten darauf verzichten, möglicherweise in der heimlichen Hoffnung, so die rasende Jagd beenden zu können. Muß man sich damit abfinden, daß der Mensch nur noch im Schlaf zur Ruhe kommt, daß seine untergründige Unruhe ihn für lange Zeit nicht loslassen wird?

Wir müssen eine Revolution vollbringen – nicht eine politische, sondern eine geistige Revolution. Es gilt, der Tatsache ins Auge zu sehen, daß wir heute am Ende des institutionellen Zeitalters der Macht angekommen sind. Wir werden es nicht ohne Bedauern hinter uns lassen: mit seinen Mitteln ließen sich komplexe Strukturen außergewöhnlich gut ordnen und vereinfachen und die beispiellose Entwicklung der Industriegesellschaft fast zweihundert Jahre lang mitvollziehen. Die Verästelung der Gesellschaft hat sich unendlich kompliziert, ohne daß die Prinzipien institutionalisierter Macht jemals in Frage gestellt wurden und ohne daß die institutionelle Ordnung den Ausbau der gesellschaftlichen Strukturen gebremst hätte: Die Unternehmen sind gewachsen, Gewerkschaften entstanden, ganze Wirtschaftszweige untergegangen und durch andere ersetzt worden. Das Ausmaß dieser Umwälzungen schien geradezu Beweis zu sein, daß nur die institutionalisierte Macht – Nationalstaat und parlamentarische Demokratie – so geschmeidig war, sich einer Gesellschaft im ständigen Wandel anpassen zu können.

Heute erkennen wir, daß die Triumphe, die wir für endgültig hielten, in Frage gestellt werden, weil sich die Schaltkreise der Macht fortentwickelt haben. Wir haben auf Sand gebaut, die Fundamente geben nach. Die großen Worte der Vergangenheit – Demokratie, Freiheit... – klingen hohl. In dieser verwirrenden Lage können wir uns zwischen zwei Reaktionen entscheiden:

– Die erste würde bedeuten, daß man zu den Ursprüngen der untergehenden institutionellen Ordnung zurückginge und sich auf ein paar universale Prinzipien ungefähr verständigen würde, um die Grundlagen einer neuen Religion, das Naturrecht, ohne das es kein Recht gibt, wiederzufinden. Es hat sich bereits gezeigt, mit welchen Unwägbarkeiten ein solches Vorgehen belastet wäre. Wir leben nicht mehr im Zeitalter der Aufklärung, und es gibt keine politische Ordnung mehr, die Werte schaffen kann. Wenn wir das Recht zu unserer Religion machen, dann lassen wir uns möglicherweise auf einen Taschenspielertrick ein, mit dem man sich letztlich nur Sand in die Augen streut. Wir werden zu gewissenhaften Hütern einer gut geölten Maschinerie, doch diese eintönige Beschäftigung wird die zentrale Leere nicht ausfüllen. Auch wäre eine solche Strategie gefährlich, weil sie in ihrer scheinbaren Universaltoleranz in Wahrheit jedem Schwindel Tor und Tür öffnet.

– Der zweite Weg, dem wir in unseren Überlegungen folgen wollten, besteht darin, sich der Wirklichkeit zu stellen, das Ende der Aufklärung zur Kenntnis zu nehmen und dann erst zu versuchen, das zu retten, was zu retten ist. Bis wohin sollen wir zurückgehen? Man hat das Mittelalter oder das Heilige Römische Reich Deutscher Nation vorgeschlagen; doch ohne Christentum gibt es kein Heiliges Reich, und vermutlich muß man noch viel weiter zurückgehen, bis zu den Stoikern der Antike, die nach dem Niedergang der Polis dem Begriff der Freiheit eine eher philosophische als politische Bedeutung gaben.

Das neue imperiale Zeitalter sollte am ehesten dem Römischen Reich Hadrians und Mark Aurels gleichen: Es dürfte keinen Anspruch auf überirdische Größe erheben und sich auch nicht göttliche Befugnis zur Erfüllung irdischer Bedürfnisse aneignen wollen. Es müßte sich damit begnügen, lediglich eine Funktionsweise zu sein, und diese Erkenntnis akzeptieren. Darin bestünde seine Gefährdung und seine Größe. Ein politisches Rezept dafür, wie den Gefahren der postpolitischen Epoche zu begegnen ist, gibt es also nicht.

In diesem Sinn ist die Revolution, die wir vollbringen müssen, geistiger Natur. Die Diskussion wird künftig um das Verhältnis des Menschen zur Welt gehen: Es wird eine ethische Debatte sein, aus der eines Tages vielleicht die Politik in einem Prozeß neu entsteht, der auf einer unteren Ebene beginnt – ausgehend von der lokalen Demokratie und der Definition, die sich eine Gemeinschaft selbst gibt – und der sich von dort nach oben fortpflanzt. Dieser Prozeß wird überall gleich sein, ob es sich um Weltregionen handelt, in denen sich die Demokratie nie durchgesetzt hat, wie in der ehemaligen Sowjetunion, oder solche, in denen ihre Kraft gegenwärtig erlahmt. Die Solidarität, durch die der Rückzug auf die eigene Volksgruppe überwunden werden kann, ist also zunächst nicht »politisch«; sie wird ihre Grundlagen vielmehr in dem Gefühl einer gemeinsamen Verantwortung gegenüber einer Welt finden, deren Grenzen den Ehrgeiz der Menschen beschränken müssen.

Die Ökologiebewegung will im Gegensatz zu den Umweltschützern, die ihre Vorläufer waren, nicht den Menschen zum Maß aller Dinge machen, und sie versucht, die Regeln einer Ordnung zu entziffern, die über uns hinausreicht. Sollte sie der Versuchung einer anthropomorphen Sehweise ebenso widerstehen wie der Absicht, die Ideologie der Menschenrechte durch eine Ideologie der Pflanzenrechte zu ersetzen, dann könnte sie einer erneuerten Definition der menschlichen Gesellschaft den Weg bahnen. Andererseits zwingen uns medizinische Fortschritte, die uns aus den Zufälligkeiten der Genetik entlassen, bisher ungestellte Fragen zu beantworten und den jeweiligen Bereich des einzelnen und der Gesellschaft neu zu umschreiben. In der Sphäre, die allzulang von der Politik in Anspruch genommen wurde, wissen wir nicht mehr zu sagen, was Freiheit ist. Werden wir sie wiederentdecken, in neuer und tiefer Bedeutung, in jener unbekannten Welt, die sich dem menschlichen Erfindungsgeist eröffnet? Als die Geographie noch einen Sinn hatte, war Nordamerika Schauplatz der wesentlichen politischen Erfahrungen des institutionellen Zeitalters. Vielleicht bieten Ökologie und Bioethik, gewissermaßen als neue, noch abstrakte Kontinente, die Chancen für den Beginn einer Grundsatzdebatte in der imperialen Welt, auf die sie für ihre Sinngebung angewiesen ist.

Wenn das ermöglicht werden soll, muß es einzelne Menschen geben, »Weise«, die imstande sind, die endliche Welt, die wieder unser gemeinsames Schicksal geworden ist, gedanklich zu fassen. Für den Weisen der Antike war das eine Selbstverständlichkeit; in unserer institutionalisierten Welt, in der wir alles von der gesellschaftlichen Mechanik erwarten, befremdet ein solches Ansinnen als unrealistisch und naiv.

Das Ende der Aufklärung und ihrer Absicht, die vernunftgemäße Ordnung durch die Politik ans Licht zu bringen, bedeutet also nicht notwendigerweise einen Verzicht auf die Vernunft und eine Rückkehr zu dunklen Leidenschaften. Um aber dieser Gefahr zu entgehen, müssen wir heute zur Weisheit – in der stoischen Bedeutung des Worts – zurückfinden, d. h. nicht nur gegenüber der Polizei der Diktatoren die geistige Unabhängigkeit bewahren, sondern unser Gewissen vor Verarmung hüten.

Das ist durchaus ein hoher Anspruch; unser Zeitalter ist im allgemeinen tolerant, und man wird jene, die – wie in der Einsamkeit ergraute, japanische Eremiten – den Entschluß gefaßt haben, nicht »konform« zu sein, eher für romantisch als für gefährlich halten. Es wird keineswegs einfach sein, sich energisch auf festen Boden zu stellen, die geistige Freiheit also so ernst zu nehmen wie die Menschen, die von Berlin bis Moskau ihr Leben in einem Kampf aufs Spiel setzten, in dem die Wahrheitssuche noch ein politischer Akt war.

Themen zur Zeit/ Kulturgeschichte

Harry Pross
Der Mensch im Mediennetz
Orientierung in der Vielfalt
ISBN 3-538-07042-3
Eine scharfsinnige Analyse der
modernen Netzwerke, der Medien-
wirkung und der Kommunikations-
prozesse.

Harry Pross
Memoiren eines Inländers
1923–1993
ISBN 3-7608-1945-1
»Ein subjektives Geschichtsbuch für
die Vergangenheit des sozial-libera-
len Deutschlands... Ein pures Lese-
vergnügen auf hohem Niveau.«
Süddeutsche Zeitung

Harry Pross
Protestgesellschaft
Von der Wirksamkeit des
Widerspruchs
ISBN 3-7608-1941-9
»›Protestgesellschaft‹ ist ein Refle-
xionsangebot, die Empörung, die
Aufmüpfigkeit, das Unbotmäßige
besser zu begreifen.« DIE ZEIT

André Glucksmann
Der Stachel der Liebe
Ethik im Zeitalter von Aids
ISBN 3-7608-1958-3
»Ein brillantes, zuweilen artistisch
argumentierendes Buch, das die
Devise vertritt: ›Rette sich, wer
denkt!‹« FOCUS

Gernot und Ekkehard Rotter
Venus, Maria, Fatima
Wie die Lust zum Teufel ging
ISBN 3-7608-1125-6
»Eine Kulturgeschichte, die bewußt
macht, wie Christentum und Islam
die Sexualität bis auf den heutigen
Tag ›reglementieren‹.«
DER SPIEGEL

Bernhard Dietrich Haage
Alchemie im Mittelalter
Ideen und Bilder –
von Zosimos bis Paracelsus
ISBN 3-7608-1123-X
Die spannende, mit
Text- und Bilddoku-
menten reich belegte
Geschichte der euro-
päischen Alchemie.

Artemis & Winkler Verlag
Düsseldorf und Zürich

Das Land, das Ausland heißt

»Die jetzigen Deutschen denken
in ihrer Mehrheit, der schamlose
Satz ›Ich habe nichts gegen
Türken‹ sei das Nonplusultra der
Weltoffenheit und Toleranz.«
(Klaus Theweleit)

Gegen den Mangel an Selbst-
wahrnehmung: acht Beiträge,
eine Auswahl aus Theweleits
neueren Vorträgen, Essays und
Interviews nicht nur, aber auch
über Deutschland.

dtv 30449

Klaus Theweleit:
Das Land,
das Ausland heißt

Essays, Reden, Interviews
zu Politik und Kunst

dtv

Taschen-bücher zum Dritten Reich

SACHBUCH

Robert Antelme:
Das Menschen-geschlecht
Als Deportierter
in Deutschland
dtv 11279

Alicia Appelman:
Alicia
Überleben, um
Zeugnis zu geben
dtv 30350

Lothar-Günther
Buchheim:
Mein Paris
Eine Stadt im Krieg
dtv 11354

Inge Deutschkron:
**Ich trug den gelben
Stern**
dtv 30000

Helen Epstein:
**Die Kinder des
Holocaust**
Gespräche mit Söh-
nen und Töchtern
von Überlebenden
dtv 11276

Jean-Claude Favez:
**Warum schwieg das
Rote Kreuz?**
Eine internationale
Organisation und
das Dritte Reich
dtv 30396

Gundolf S.
Freyermuth:
**Reise in die Ver-
lorengegangenheit**
Auf den Spuren
deutscher Emigran-
ten (1933 – 1940)
dtv 30345

Erika Mann:
**Zehn Millionen
Kinder**
Die Erziehung
der Jugend im
Dritten Reich
dtv 11125

Danièle Philippe:
**Es begann in der
Normandie**
Eine französische
Kindheit im Zweiten
Weltkrieg
dtv 10634

Lea Rosh/
Eberhard Jäckel:
**»Der Tod ist
ein Meister aus
Deutschland«**
Deportation und
Ermordung der
Juden, Kollaboration
und Verweigerung in
Europa
dtv 30306

Marion York von
Wartenburg:
**Die Stärke der
Stille**
Erzählung eines
Lebens aus dem
deutschen
Widerstand
dtv 10772

WISSENSCHAFT

**Hitlers Macht-
ergreifung 1933**
Herausgegeben
von Josef
und Ruth Becker
dtv 2938

Rudolf Höß:
**Kommandant in
Auschwitz**
Autobiographische
Aufzeichnungen
dtv 2908

Ian Kershaw:
Hitlers Macht
Das Profil der
NS-Herrschaft
dtv 4582

**Legenden, Lügen,
Vorurteile**
Ein Wörterbuch
zur Zeitgeschichte
dtv 3295

Kurt Meier:
**Kreuz und
Hakenkreuz**
Die evangelische
Kirche im
Dritten Reich
dtv 4590

Deutsche Geschichte der neuesten Zeit